S Unger

Fortschritt und Sozialismus

S Unger

Fortschritt und Sozialismus

ISBN/EAN: 9783743343658

Hergestellt in Europa, USA, Kanada, Australien, Japan

Cover: Foto ©ninafisch / pixelio.de

Manufactured and distributed by brebook publishing software (www.brebook.com)

S Unger

Fortschritt und Sozialismus

Einleitung.

Die sociale Frage ist so alt wie das Menschengeschlecht, und wer die Entwicklungsgeschichte der Menschheit studirt, studirt auch diese Frage. Unaufhörlich, oft durch eine Reihe verheerender Revolutionen, noch öfter aber durch die stille und segensreiche Arbeit beglückenden Friedens steuern wir einer unbekannten Bestimmung entgegen, und wenn auch der Geist der Zeit mit gewaltiger Faust an die Pforte der Zukunft hämmert, wer kann voraussagen, welchen Gang unsere Entwicklung nehmen, welche Wege die künftige sociale Umwälzung wandeln wird?

„Sie wird", sagt Ferdinand Lassalle, „entweder eintreten mit aller Gesetzlichkeit und mit allen Segnungen des Friedens, wenn man die Weisheit hat, sich zu ihrer Einführung zu entschließen, bei Zeiten und von oben herab; — oder aber sie wird innerhalb eines Zeitraumes hereinbrechen unter allen Convulsionen der Gewalt, mit wild wehendem Lockenhaar, erzne Sandalen an ihren Sohlen."

„Wenn ich am Fuße des Vesuvs stehe", sagt John Bright, „und merke an dem Zittern und Beben der Erde, daß ein Ausbruch bevorsteht, und ich sage den Leuten: der Ausbruch kommt, richtet Euch darnach — bin ich dann derjenige, der daran schuld ist, daß der Berg Feuer wirft? Nein, nicht ich bin schuld, denn ich beobachte nur, was vorgeht und auf Grund dieser Beobachtungen sage ich Ihnen, daß furchtbare Zeiten über Europa kommen werden, wenn man nicht rechtzeitig durch eine weise Gesetzgebung diesem Ausbruche vorbeugt."

Ist die Reife der Zeit bereits gekommen?

Langsam rollet das Rad der menschlichen Entwicklung. Jahrtausende vergingen, bevor der Sklave in den Leibeigenen, der Leibeigene in den freien Arbeiter sich verwandeln konnte; Jahrtausende vergingen und noch hat der Mensch den Banden des Aberglaubens nicht ganz sich entwunden; auf den Ruinen Jahrtausende alter Civilisationen haben wir unsere Cultur aufgebaut.

Mit jäher Kraft hält der Mensch am Althergebrachten. Was der Vergangenheit angehört, erscheint ihm gut und heilig, das goldene Zeitalter liegt hinter, nicht vor ihm.

Ein Gefühl der Ehrfurcht, wie es das Kind seinem Vater entgegenbringt, läßt die Gegenwart mit Scheu zurückblicken auf die Vergangenheit. Jede Neuerung, dieselbe mag welcher Natur immer sein, hat gegen diesen Zauber anzukämpfen. Wer es wagt in dieser besten aller Welten das Bestehende anzugreifen, ist ein Feind der Gesellschaft und wird als solcher auch behandelt.

Aber tief in der Menschenbrust ruht die Idee eines zu erstrebenden glücklichen Zustandes und von Zeit zu Zeit bemächtigt sich der Menschheit ein unwiderstehlicher Zug, diese Idee zu verwirklichen.

Es wäre thöricht, ja sträflicher Leichtsinn, nicht sehen zu wollen, daß wir uns mitten in einer solchen Strömung befinden, parteiisch und ungerecht, dieser Strömung jede idealere Auffassung abzusprechen. Wenn die Tagesereignisse uns zeigen, daß der Socialismus das Gebiet der Theorie bereits verlassen und der praktischen Lösung seiner Probleme sich zugewendet hat, wenn wir unser Gesellschaftssystem in den Grundfesten angegriffen, wie von einem Sturme erfaßt, erzittern fühlen: erscheint da nicht die Frage berechtigt, ob es unserer und künftiger Generationen Bestimmung ist, die Lösung dieses modernen Räthsels, welche unser Jahrhundert — einer Sphynx gleich — unter Androhung von Tod und Verderben fordert, mit Strömen von Blut zu erkaufen; oder ob diese Lösung „von oben herab", wie Lassalle sagt, „durch eine weise Gesetzgebung", wie der englische Staatsmann behauptet, erreicht werden kann; oder aber, ob nicht vielleicht die sociale Frage in der naturgemäßen Entwicklung des Menschengeschlechtes ihre Lösung finden wird?

Man hat den communistischen Gedanken als Angelpunkt aller socialistischen Bestrebungen bezeichnet, „da die Eigenthumsfrage das Substrat umfaßt, auf welchem der Mensch sein ganzes Leben aufbauen kann" und „die Störung im Gesellschaftssysteme jetzt vorwiegend auf ökonomischem Gebiete sich geltend macht"; man hat aber auch die politische Seite dieser Frage betont, von einem vierten Stande gesprochen, der nur durch eine Umwälzung — ähnlich der französischen Revolution — zum Vollgenusse seiner Rechte gelangen kann; und lastly but not the least ist der Socialismus durch seine Bestrebungen in Conflict getreten mit den Satzungen der Kirche, so daß die totale Umwälzung unseres jetzigen Gesellschaftssystems auf religiösem, politischem und ökonomischem

Gebiete als die Quintessenz des heutigen Socialismus bezeichnet werden kann. Strebt nun die Entwicklung des Menschengeschlechts einer derartigen Umwälzung entgegen? Mehr als 500 Jahre v. Chr. finden wir in Asien eine Religion, welche die Moral des Christenthums weit übertrifft. Nach dieser Religion hat die Gottheit, um das Menschengeschlecht von der Erbsünde zu erlösen, Menschengestalt angenommen und aus Liebe und Mitleid selbst für die unvernünftigen Thiere wiederholt den Tod erlitten. Begeisterte Jünger verkünden diese Gotteslehre den Armen und Unterdrückten und in unglaublich kurzer Zeit zählen die Bekenner des neuen Glaubens nach Millionen. Es werden Concilien abgehalten und Glaubenssätze niedergeschrieben und es bildet sich eine Hierarchie heraus, die bis ins kleinste Detail der der katholischen Kirche gleicht. Zum Gottesdienst gehören Weihwasser, Gebete für die Todten, Fasten, Rosenkränze und die Anbetung von Reliquien; die Priester tragen die Tonsur, wohnen in Klöstern und geloben Keuschheit und Armuth; Glocken werden geläutet, so oft ein Würdenträger den Tempel betritt, durch Beichte erlangt man Vergebung begangener Sünden. Die Tempel sind mit Bildern von Göttern und Göttinnen geziert, die vom gläubigen Volke knieend verehrt werden. Beim Absterben des obersten Priesters, der für unfehlbar gilt, wird als Nachfolger derjenige gewählt, in dessen Körper die Seele des Verstorbenen vermuthet wird. Christliche Missionäre glaubten vor einem Teufelsspuk zu stehen.

Sokrates, Plato und Aristoteles bilden den Angelpunkt aller unserer philosophischen Systeme, keiner unserer Historiker kann sich mit Livius und Tacitus, keiner unserer Redner mit Demosthenes und Cicero vergleichen.

Die Kunstwerke der Griechen stehen unerreichbar da für alle Zeiten, sowie Homer und Virgil, Sophocles und Euripides unerreichbar bleiben für unsere Dichter. Unsere Aerzte müssen noch heute Hippocrates studiren, unsere Juristen die Institutionen Justinians. Aus Indien brachte Pythagoras die Kunde, daß die Sonne das Centrum unseres Planetensystems ist, Strabo ahnte die Existenz eines großen Festlandes zwischen dem westlichen Europa und Asien; 100 Jahre vor unserer Zeitrechnung stand im Musaeum von Alexandria eine vom Mathematiker Hero erfundene Maschine ausgestellt, die von Dampfkraft betrieben wurde; und in der Philosophie des Empedocles und in den Schriften des Al-Khazini im 12. Jahrhunderte finden wir Anklänge an die

Darwin'sche Theorie. Das Studium des Sanscrit hat uns nicht nur gezeigt, daß alle europäischen Völker ihren gemeinschaftlichen Ursitz in Asien hatten, daß sie einem und demselben Stamme entsprungen, es hat uns auch gezeigt, daß die Moral, die wir haben, die Poesie, an der wir uns ergötzen, die Kunst, der wir nachstreben, kurz unsere ganze Civilisation ihren Ausgangspunkt in Asien genommen. Wie wir von den Griechen gelernt, so hatten diese ihre Cultur den indischen Stammesgenossen zu verdanken, griechische Göttersagen und griechische Fabeln erhalten erst jetzt vom Lichte der comparativen Sprachforschung beleuchtet, ihre wahre Bedeutung.

Die Meinungen und Anschauungen der Weisen über das Wesen und die Aufgaben des Staates, über die Rechte und Pflichten der Bürger waren vor Tausenden von Jahren ebenso getheilt wie heutzutage. Wir sehen Despotien und Republiken, Föderativstaaten und Weltmonarchieen, wir sehen auch theokratische Staaten entstehen, blühen und vergehen, und die Streitfrage, welche Regierungsform die beste sei, ist noch heutigen Tages nicht gelöst.

So weit aber die geschichtliche Kenntniß reicht, finden wir immer und überall das Volk ausgebeutet zu Gunsten Weniger, die Ausbeutung mag unter dem Deckmantel der Religion erfolgen, oder in der physischen Ueberlegenheit des Einen über den Andern ihre Erklärung finden. Ob das menschliche Arbeitsthier Paria oder Sklave heißt, Leibeigener oder Fabriksarbeiter, es ist immer das „eiserne Lohngesetz", welches die wirthschaftlichen Verhältnisse beherrscht.

Bloß die Erscheinung wechselt, im Wesentlichen bleibt Alles beim Alten, und wenn wir nach dem Fortschritt forschen, den die Menschheit seit mehr als drei Jahrtausenden zurücklegt, so erhalten wir ein wenig befriedigendes Resultat. Der Fortschritt in vorhistorischer Zeit muß groß und rapid gewesen sein, wie er klein und winzig geworden, seitdem der Mensch die Fähigkeit erlangt hat, ihn zu verzeichnen. Trotzdem blicken wir mit Stolz auf unsere Cultur und wähnen unsere Civilisation so himmelweit überlegen der der Alten! Wir jagen dem Schatten nach, und verschließen die Augen vor der Wirklichkeit; wir suchen den Fortschritt, wo er nicht zu finden ist, prunken mit Resultaten, die werthlos sind und eilen achtlos an den Spuren vorüber, die der Geist der Zeit unverwischbar zurückgelassen.

I.

England, Irland und Dänemark sind von einander und dem Continente, dessen Ausläufer die Azoren und kanarischen Inseln bilden, noch nicht getrennt; noch hat der Ocean die Meerenge von Gibraltar nicht durchbrochen; wo später die Wüste Sahara ihre sengende Hitze ausathmen sollte, da schlagen die kalten Meereswogen an die steinige Küste Nordafrikas.

Funde aus dieser Periode von menschlichen Geräthschaften, und Thierknochen im Schwemmland und in Höhlen zeugen, daß der Mensch ein Zeitgenosse des Höhlenbären, des Mammuths und wolligen Nashorns gewesen.

Werkzeuge primitivster Natur, aus Feuerstein oder Knochen verfertigt — künstliche Aerte und harpunenähnliche Geschosse — auf diesen hie und da geschnitzte Abbildungen gleichzeitig lebender Thiergestalten, aufgefundene Spuren von Feuer: dies die Ueberreste von der Existenz des „Urmenschen."

Nach der letzten Erdrevolution präsentirt sich der Mensch als Fischer und Jäger. Schalthiere bilden seine Hauptnahrung und auf der Suche nach diesen wagt er sich in ausgehöhlten Baumstämmen weit in die See hinaus.

Die Küchenabfälle, Kjökkenmöddinger, lassen keinen Zweifel darüber zu, daß der Mensch dieser Kulturstufe bereits den Hund gezähmt und zu seinem Helfer bei der Jagd herangezogen hat. Die Vervollkommnung der Waffen, insbesondere die Benützung des Bogens begründet seine Herrschaft über die Thiere des Waldes. Bald zähmt er auch die Kuh, die Taube und die Gans und errichtet Grabstätten für seine Großen und Altäre für seine Götter. Durchlöcherte Wolfszähne, Bernsteinkorallen und Gold werden als Schmuck benützt, und Thongefäße bilden das Hausgeräth.

Die Pfahlbautenbewohner treiben Viehzucht, pflegen Fruchtbäume, stellen aus Lindenbast Seile und Matten her, aus Flachs Netze und Gewänder und ihre Bernstein- und Glaskorallen lassen uns vermuthen, daß ein lebhafter Verkehr nicht nur mit den Bewohnern der baltischen Meeresküste, sondern auch mit dem fernen Egypten unterhalten wurde.

Diese ganze Cultur wird von einer aus Asien kommenden Menschenwelle fast spurlos hinweggeschwemmt, und spurlos wie ihre Cultur verschwinden auch Europas Urbewohner, deren Race aus aufgefundenen Gerippen kaum festgestellt werden konnte. Die runde Kopfbildung, die kleine Statur weisen darauf hin, daß hier zum ersten Male die Mongolen den Söhnen des Arierwolkes den Platz räumen mußten, der europäische Boden war zum Tummelplatz arischer Völkerstämme bestimmt. Letztere, deren Ursitz in der östlich vom kaspischen Meere und nordwestlich von Hindostan gelegenen Hochebene zu suchen ist, waren, obwohl sie den Landbau nur in beschränktem Maße, durch Anbau von Gerste und vielleicht auch Weizen pflegten, doch schon dem Nomadenleben entwachsen. Ihr Hauptreichthum bestand in Vieh. Das Indische „rupee", das Englische „fee", das Lateinische „pecunia" stammen von „pacu", welches im Sanskrit Vieh bedeutet und selbst wiederum die Wurzel „pac" d. i. festbinden, [das festgebundene oder gezähmte Vieh] aufweist. „Vermögen" ist somit identisch mit „Vieh" und im Anglo-Sächsischen bedeutet „lebendes Vieh" bewegliches, „todtes Vieh" unbewegliches Eigenthum.

Auch das Pferd ist bereits unterjocht und mit Vorliebe bedienen sich die Fürsten des Streitwagens. Aus der Somapflanze bereiten die Arier ein berauschendes Getränk und mit Leidenschaft fröhnen sie dem Würfelspiel. Gold, Silber und Kupfer sind ihnen bekannt, nicht aber das Eisen. Ihre Gewänder weben sie aus Faserstoffen, aus Thonerde stellen sie ihre Hausgeräthe her, sie kennen die Benutzung des Ruders, doch noch nicht von Mast und Segel. Sie verstehen es bis 100 zu zählen und theilen das Jahr in 12 Monate. Ihre Ansiedlungen sind durch Wege mit einander verbunden, die Hütten fest gebaut und von Wällen umgeben. Ihre Stammeshäupter sind vor Allem „Beschützer des Viehstandes". Das Sanskrit „gôpa" Fürst und das Slavische „hospodar" (von „gospoda") weisen das Wort „go" auf, welches „Kuh" bezeichnet; von derselben Wurzel stammt das Sanskrit „gavya" Weide, das Sächsische „gô" Grafschaft, das Griechische „gaia" oder „gô" Erde. Die Religion zeigt die Anbetung der Naturkräfte, die Hymnen bekunden eine bereits hoch entwickelte Sprache und bedeutende dichterische Kraft.

Was aber dem nach Europa eindringenden Arierstamme insbesondere das Uebergewicht über die Ureinwohner verlieh, war abgesehen von der physischen Ueberlegenheit auch der Umstand, daß ihre Waffen aus Bronze verfertigt waren.

Waren es klimatische Veränderungen, durch welche die Fruchtbarkeit des Landes vermindert wurde, oder war es Ueberbevölkerung oder war es die Sehnsucht nach jenem Wunderlande zu gelangen, dem sie ihren Hauptgott, die Sonne, zueilen sahen, Stamm auf Stamm löst sich vom Ariervolke los und dem Laufe der Sonne folgend überfluthen sie, wenn auch auf verschiedenen Wegen, den Continent Europa's. Den Kelten folgen die Pelasger, die zuerst Kleinasien und dann Griechenland und Italien bevölkerten, diesen wiederum die Teutonen, die unkundig dessen, daß sie Stammesverwandte bekriegen, die Kelten aus Mitteleuropa verdrängen, während die Slaven Nordeuropa überschwemmen, die letzten Ueberreste der mongolischen Urbevölkerung, die Lappen und Finnen, vor sich hertreibend.

Auch in Asien steigt die Stammbevölkerung von ihrem Hochlande herab, und nimmt die fruchtbaren Ebenen an den Ufern des Indus und späterhin des Ganges in Besitz. Die frühern Einwohner, semitisch-mongolischen Ursprungs, werden unterworfen und zu Sklavendiensten verwendet, aber schnell eignet sich der Arier die wichtigste Erfindung der Semiten, die Buchstabenschrift, an. Die neuen Verhältnisse bleiben nicht ohne Folgen. Die Arier sind ein Agriculturvolk geworden, die Stammeshäupter haben sich zu Königen emporgeschwungen. Die Macht der Könige wird von den Priestern, einer besondern Kaste, getheilt. Der ursprünglich einfache Opferdienst wird durch ein weitläufiges Ceremoniell verdunkelt. Strenge Gesetze sondern die einzelnen Kasten und halten das Volk in Unterwürfigkeit. Städte werden gebaut und prachtvolle Paläste errichtet. Die herrschenden Kasten leben in Luxus und Ueppigkeit, durch grausame Strafen der Arbeit des Volkes erpreßt. Das Schwelgen in allen Genüssen, die das Leben zu bieten vermag, läßt sie bald die Nichtigkeit dieses Lebens erkennen, und ihre Gedanken einer andern Welt zuwenden, während die streng zugemessene Aufgabe der arbeitenden Kasten jede Entwicklung des Gewerbes und der Industrie hemmt. Die höchsten Fragen menschlichen Wissens werden in ihren heiligen Büchern erörtert: Ontologie, Psychologie, Metaphysik, Logik, kein Gebiet menschlichen Denkens bleibt von ihnen unberührt, dafür aber werden Handel und Industrie, Künste und Gewerbe mit souveräner Verachtung vernachlässigt. Die wechselvolle aber vergängliche äußere Welt tritt in den Hintergrund vor der ewigen, unveränderlichen Welt des Geistes und der Ruhe. Das naturkräftige, freiheitsliebende und unternehmungslustige Volk der Arier hat sich in eine Schaar von Philosophen und Denkern verwandelt, welche mit unerbittlicher Grausamkeit ein apathisches, in alle Mühsalen des Lebens mit Resignation sich ergebendes, knechtisch gesinntes Volk beherrschen. Die bis zur Selbstverleugnung getriebene freiwillige Askese einerseits und die erzwungene Entbehrung der zum Leben nothwendigsten Bedürfnisse andererseits erzeugen eine gar düstere Atmosphäre ob den sonnigen und fruchtbaren Gefilden Indiens und bereiten den Boden vor, dem die Gottheit Nirvana entsteigen sollte.

In Asien wie in Europa stoßen die Arier bei ihrem Vordringen auf fremde Völkerschaften. An der Küste des baltischen Meeres wie an den Gestaden der mitteleuropäischen Seen, an den Ufern des Indus und Ganges wie an den Ufern des Euphrat und Tigris bildet die mongolische Menschenrace die Urbevölkerung. Die Keilschrift auf den Thonplatten Babylons und Ninive's legt Zeugniß dafür ab, daß hier ein Volk gehaust, welches weder semitischen noch arischen, sondern höchst wahrscheinlich mongolischen Ursprungs gewesen. Die aufgefundenen Lanzen und Pfeilspitzen sind von Bronze, die Werkzeuge, wie: Hämmer, Aexte, Beile, Messer, Sicheln, Nägel u. s. w. von Bronze oder Stein, die Steingeräthe, wenn auch etwas vollendeter in der Bearbeitung, im Ganzen doch nicht weit verschieden von denen der europäischen Urbewohner. Die aus Thonerde verfertigten Vasen sind plump und von unregelmäßigen Formen. Doch scheint dieses Volk auf andern Gebieten bedeutendere Fortschritte gemacht zu haben. Auf cylinderförmigen Siegelringen zweier Monarchen sind Figuren eingravirt, die Kronen und reichverzierte Gewänder tragen. Das Gewebe der letzteren, aus Flachs, Musselin oder Seide, zeugt von einer Feinheit des Stoffes, wie ihn Egypter und Assyrier zur Zeit ihrer größten Blüthe nicht sorgfältiger und kunstvoller herzustellen im Stande waren.

„Unter der Herrschaft der nicht semitischen Akkadier finden wir in Babylonien den Fetischismus mit seinem Rituale von Magie und Zauberkunst verbreitet, und als die Semiten das Land eroberten, wurde diese ganze Cultur Eigenthum der Priester und Astrologen, die Akkadische Sprache das Latein des neuen Reiches (Academy, November 17. 1877 p. 472)."

Die in Europa vernichtete und in Central-Asien überwucherte Cultur der Mongolen gelangte in China zur vollsten Entwicklung. China theilt mit Egypten das Verdienst, die ältesten Culturvölker hervorgebracht zu haben. Wenn auch in den Pyramiden chinesisches Porzellan gefunden worden ist, so zeigen die Malereien der Grabkammern und die darin enthaltenen mannigfachen Geräthe, daß auch Egypten bereits eine lange Vergangenheit hinter sich hatte. So weit ein geschichtlicher Rückblick möglich, finden wir beide Länder eines hohen Grades der Civilisation sich erfreuend, und ist es bisher bei beiden nicht gelungen, Spuren der Uranfänge dieser Civilisation zu entdecken.

Auf dem Boden Chinas lebt der vierte Theil des Menschengeschlechts und die Sitten und Gebräuche dieser Menschen sind seit Jahrtausenden wie ihre Sprache dieselben geblieben. Kaiserreiche entstanden und fielen, die Einwohner blieben dieselben; fremde Eindringlinge zwangen ihnen Herrscherdynastien auf, ihre Gesetze, ihre Einrichtungen blieben dieselben. Der Compaß, die Buchdruckerkunst, das Schießpulver waren ihnen bekannt, als Europa noch in den Banden des abergläubischen Mittelalters schlummerte, und nicht den geringsten Einfluß haben diese Erfindungen auf ihre weitere Entwicklung ausgeübt. — China kann mit Recht das Land der Sonderlichkeiten genannt werden.

Der Chinese schüttelt den Kopf zum Zeichen des Bejahens, er nickt zum Zeichen des Verneinens; sie lassen nicht den Nordpol, sondern den Südpol des Magnets gelten. Beim Schreiben fügen sie die Worte nicht von links zu rechts oder von rechts zu links aneinander, sondern von oben nach unten und fangen dabei rechts an. Ihre Soldaten tragen Frauenkleider und Fächer und greifen den Feind mit Vorliebe des Nachts bei Laternenschein an, während das Volk Feuerwerke bei Tag abbrennt. Weiß ist die Farbe der Trauer, die Visitkarten sind vier Fuß lang und roth bemalt.

Lange bevor Alexander seinen Eroberungszug nach Indien unternommen, Plato seinen göttlichen Traum von der besten Republik geträumt, Buddha die Existenz Nirvana's proclamirt und der mythische Romulus den Grund gelegt hatte zu den Wällen des weltbeherrschenden Rom, consolidirte sich in China aus zahlreichen einzelnen Fürstenthümern ein Reich, dessen innere Gliederung eine auffallende Aehnlichkeit mit dem Organismus der mittelalterlichen Feudalstaaten Europas aufweist. Aehnlich dem Staatsleben bewegt sich auch das Leben des einzelnen Individuums in enggezogenen Grenzen, Sitte und Gesetz regeln jedwede Thätigkeit. Eine gewisse Nüchternheit, an das Greisenalter mahnend, hemmt jeden höheren Aufschwung, die mechanische Geschicklichkeit blüht. Die Baukunst steht im Dienste des Bedürfnisses, nur die außerordentliche Verehrung für ihre Todten läßt die Chinesen die Grabmäler künstlerischer ausschmücken.

China ist unter den Nationen der Erde das Wunderkind, welches die Versprechungen der Frühreife nicht in Erfüllung bringt. Die frühzeitige Erfindung der Schrift hinderte die Entwicklung der Sprache, die frühzeitige Consolidirung des Reiches hemmte die Entfaltung der Stammeseigenschaften, die Eindämmung und Regelung der Thätigkeit und Bewegung jedes Einzelnen durch die enggezogenen Grenzen des Gesetzes erstickte jede individuelle Freiheit und dadurch, daß das Gesetz das Gebiet der Moral für sich usurpirte, tödtete es jede Moral.

Ein eigenthümliches Culturbild geben uns die semitischen Völker. Wilde Kriegsgebräuche, unmenschliche Behandlung der Gefangenen und rohe grausame Strafen gehen Hand in Hand mit möglichst niedrigen Religionsbegriffen, einem kindischen Aberglauben und einer geradezu unbegreiflichen Verachtung für das weibliche Geschlecht.

Von aufs Praktische gerichteter Naturanlage bekunden sie ein Streben nach den Bequemlichkeiten und Genüssen des Lebens, welches wiederum nothwendigerweise Sinn für das Schöne und Aesthetische wecken mußte.

Diesem Charakterzuge ist es zuzuschreiben, daß sie das einmal Angeeignete praktisch zu verwerthen und künstlerisch auszuschmücken verstehen.

Die Bereitung des Glases und der Purpurfarbe wird von den Egyptern erfunden, von den Phöniziern aber vervollkommnet, und aus den egyptischen Hieroglyphen das erste Alphabet zusammengestellt. Das Steife, Leblose und Conventionelle der egyptischen Kunst ersetzt der assyrische Bildhauer durch das Frische, Anmuthige und vor allem Naturgetreue, die assyrischen Vasen, Krüge und Trinkbecher bekunden vollendete Form und ausgebildeten Geschmack.

Dieser praktische Sinn zeigt ihnen auch die Vortheile, die aus dem zwischen den einzelnen Ländern vermittelten Verkehr gewonnen werden können. Semiten sind es, welche die Produkte Assyriens, Indiens und Egyptens nach Griechenland, Italien und Spanien bringen, welche auf den Inseln des Archipelags, in Sicilien und in Afrika Handelscolonien gründen, welche das mittelländische Meer zu einem „phönizischen See" umgestalten. Wo nach den damaligen Begriffen das Chaos waltet und Tod und Verderben lauert, da wagt sich das kühne Handelsvolk keck hinaus, umschifft die Säule des Hercules und tauscht den Bernstein der baltischen Küste gegen seine Glaskorallen ein. Sie bringen aber nicht nur die Gewürze Indiens, die Kunstwerke Egyptens und Assyriens, die Trinkgefäße und gestickten Purpurgewänder Sidons, — die Phönizier führen mit sich ein unscheinbares Gut, die Buchstabenschrift, und dieses unscheinbare Gut wird die Grundlage aller Cultur.

Und als die griechisch-römische Civilisation Jahrhunderte lang unter dem Schutte des Mittelalters verborgen gelegen hatte, da waren es abermals Semiten — Araber und Hebräer — die den vergrabenen Schatz hoben und nicht duldeten, daß das Werk, zu welchem ihr Stamm den Grund gelegt, der Welt verloren gehen sollte.

Die Phönizier waren nicht nur abgehärtete Seefahrer und kühne Entdecker, sondern auch klug berechnende Kaufleute, die sich auf ihren Vortheil wohl verstanden — „polypaipaloi und troktai" — nennt sie schon Homer und Herodot schildert sie als Sklavenhändler, die durch Menschenraub ihre Waare sich verschafften.

Wie der eisbedeckte Gletscher die grünende Ebene, die Pyramide die zu ihren Füßen sich ausbreitende sandige Fläche hoch überragt, so erhebt sich riesengroß inmitten der bisher geschilderten Civilisationen die egyptische. Sie ist kalt und starr wie der Gletscher, uralt und geheimnißvoll wie die Pyramide. Egypten ist die Quelle des Wissens, aus der Assyrier, Hebräer und Griechen tranken, und wie wir vergebens nach dem Ursprung der Quelle forschen, die uns das labende Wasser gespendet, ebensowenig sind wir im Stande, den Beginn jener Civilisation zu ergründen, der wir mittelbar unsere Cultur verdanken.

Menes, der erste König, ändert den Lauf des Nil und erbaut den Tempel des Phthah; Athotis oder Tesorthuus, dessen Sohn und Nachfolger, ist der Erbauer des Königspalastes zu Memphis und schreibt Abhandlungen über Anatomie. „Die in den Grabmälern der Pyramiden abgebildeten Scenen zeigen, daß die Egypter dazumal dieselben Sitten und Gewohnheiten hatten, wie in späteren Zeiten und die Hieroglyphen der großen Pyramide liefern Beweis dafür, daß Schriftzeichen schon lange in Gebrauch gewesen sein mußten. Wir finden nirgends eine primitive Lebensweise, nirgends welche barbarische Gewohnheiten oder eine archaistische Kunst. Vielmehr sehen wir überall dieselben Scenen aus dem häuslichen und öffentlichen Leben, dieselbe Beschäftigung, dasselbe Gewerbe, dasselbe Handwerk, wie wir dies Alles späterhin antreffen."

Der egyptische Charakter weist zwei verschiedene Elemente auf, die nur aus der Verschmelzung zweier verschiedener Menschenstämme entspringen konnten. Schon Diodor hebt als charakteristisch hervor, daß die Egypter, weil sie die Zeit dieses Lebens gegen die nach dem Tode gehalten für gering achten, auf die Häuser der Lebenden nur geringe Sorgfalt verwendet, dagegen die Gräber mit einem übermäßigen Aufwande ausgestattet hätten. Diese Sorge für die Verstorbenen, die enormen Grabmäler und Tempel erinnern unwillkürlich an die Dolmen und Cromlechs des Steinzeitalters, die Anbetung von Insekten, Vögeln, Reptilien und Raubthieren an den Fetischismus, wie wir ihn im mittlern Asien antreffen, bevor das semitische Reich gegründet worden ist. Ungleich aber den Menschen aus dem Steinzeitalter haben sie Erfolge auch auf andern als den rein mechanischen Gebieten aufzuweisen. In der Astronomie werden sie nur von den Chaldäern übertroffen, in der Malerei und Bildhauerkunst sind sie allen Nationen voraus, sie geben die Anregung zur Erfindung der Buchstabenschrift, und die meisten Gewerbe verdanken ihnen ihre Entstehung. Mit der Thieranbetung verbunden waren manche Begriffe, die, wie die Hoffnung auf ein zukünftiges Leben der Seele, über den Polytheismus sich erheben.

Es wird allgemein zugegeben, daß wir in den Egyptern eine Verschmelzung mongolischer, semitischer und äthiopischer Menschenstämme finden, Alles weist aber darauf hin, daß auch das arische Element nicht ohne Einfluß auf die spätere geistige Entwicklung dieses Volkes geblieben ist.

II.

Ich habe mich bestrebt, in den kürzesten Umrissen den Charakter und die Civilisation jener Menschenstämme zu zeichnen, die bis zum Auftreten der europäischen Völker die leitende Rolle in der Geschichte gespielt haben. Ich gedenke nunmehr ihr sociales, politisches und religiöses Leben eingehender zu beleuchten und den Weg zu skizziren, den die Entwicklung auf diesen Gebieten genommen. Das so gewonnene Ergebniß wird, hoffe ich, es ermöglichen, den Fortschritt nach seinem wahren Wesen zu beurtheilen und wird den Maßstab für die Lösung jener Frage abgeben, welcher meine Arbeit gewidmet ist.

Nach Carlyle spitzt sich das Verhältniß zwischen zwei menschlichen Wesen auf die Frage zu: „Kann ich dich tödten oder kannst du mich tödten?" Der Kampf ums Dasein konnte nicht drastischer gekennzeichnet werden. Denken wir uns den „Urmenschen" mitten in diesen Kampf des Lebens gestellt. Jeder seiner Schritte ist von unzähligen Gefahren umgeben, bald wird er die Beute seiner körperlich ihm überlegenen Mitgeschöpfe, bald das Opfer der Elemente. Er fürchtet das Raubthier, er fürchtet den Mitmenschen, und insbesondere wovon er sich keine Rechenschaft zu geben weiß, was ihn aber mit ängstlicher Scheu erfüllt, die „äußere Welt."

Schalthiere und das Wild, welches er mit seinen primitiven Waffen erlegen kann, bilden seine Nahrung und die Küchenabfälle, in denen Knochen fleischfressender Thiere gefunden werden, zeigen, daß er zeitweise Mangel leidet und zu Nahrungsmitteln Zuflucht nehmen muß, vor denen der Mensch einen natürlichen Widerwillen empfindet.

Der Stärkere holt sich das schönste Weibchen, er kämpft es dem Schwächern ab, und wenn dieses etwa dem Wechsel sich nicht fügen, dem Sieger Widerstand entgegensetzen sollte, so wird es nicht minder die wuchtige Faust zu fühlen bekommen. So entsteht die Familie, die Basis jedweden Fortschritts und mit dieser entwickelt sich auch der Gesellschaftssinn. Die Vortheile des geselligen Zusammenlebens machen sich bald fühlbar, sei es im Kampfe mit den wilden Thieren, sei es im Kampfe mit dem Mitmenschen. Die Stärkern — und in der Regel gibt die Zahl der männlichen Familienmitglieder den Ausschlag — behaupten sich, die Schwächern, — und das werden diejenigen sein, die keine Familien gegründet haben, oder wo die einzelnen Familienmitglieder nicht zusammenhalten, — werden vernichtet, verschwinden. Die an einzelnen Plätzen in größern Mengen aufgefundenen Steinwerkzeuge, insbesondere die Küchenabfälle und Pfahlbauten zeigen uns den Menschen in Gruppen zusammenlebend.

Der Urmensch war Zeuge gewaltiger Erdrevolutionen. Mitten im Kampfe der Elemente stand er, das hilfloseste aller Geschöpfe. Wo er Bewegung zu sehen vermeint, da vermuthet er auch Leben. Die Erfahrung lehrt ihn, daß er durch Unterwürfigkeit die Gunst des ihm überlegenen Mitmenschen gewinnen kann, er wird daher dieses Mittel überall probiren, wo ihm Gefahr droht oder wo er die ihm geschenkte Gunst sich erhalten will.

Dieser hilflosen, abhängigen Lage des Menschen entspringt der Fetischismus, welcher in dem Maße schwinden muß, in welchem die Selbständigkeit zunimmt. Wenn wir sehen, wie unter Wilden die Blutsverwandten des durch den Fall eines Baumes Getödteten an diesem Baume Rache nehmen und ihn zerstückeln; wenn im Prytaneum zu Athen leblose Objecte, falls sie ohne menschliche Intervention den Tod eines Bürgers verursacht haben, verurtheilt und über die Landesgrenze geschafft werden; wenn nach altenglischem Rechte nicht nur das Thier, das einen Menschen tödtet, sondern auch das Wagenrad, das ihn verletzt, der Baum der ihn zerschmettert, deodand d. i. dem Gesetze verfallen erklärt und zu Gunsten der Armen veräußert wird; wenn in Frankreich Thiere wegen Mordes zum Galgen verurtheilt und schädliche Raupen nach durchgeführter Gerichtsverhandlung, bei welcher den Angeklagten ein Vertheidiger gestellt worden war, aufgefordert werden, binnen einer gewissen Frist das Land zu verlassen bei sonstiger Strafe der Excommunication; wenn wie Grote bemerkt, selbst der intelligente Mensch unter dem Eindrucke des Schmerzes auf den Gegenstand, an dem er sich verletzt, wüthend losschlägt: so ist all dem gegenüber der Fetischismus des Urmenschen, der der Natur viel näher gestanden und der in jeder Bewegung Leben und Willen erblickte, leicht zu erklären. Der nordamerikanische Indianer gibt einem Angelhaken, der bereits einen großen Fisch gefangen, den Vorzug vor solchen, die ihre Probe noch nicht bestanden haben, und legt niemals zwei Netze zusammen aus, sie könnten sonst auf einander eifersüchtig werden. Die Buschmänner hielten des Reisenden Chapman großen Wagen für die Mutter seiner kleinern, und die Eingebornen von Tahiti säeten die ihnen von Cook geschenkten Nägel aus, in der Erwartung Junge zu bekommen. Der König der Coussa-Kaffern, der ein Stück vom Anker eines gestrandeten Schiffes abgebrochen hatte, starb kurz darauf; von nun an hielten die Kaffern diesen Anker für ein rachsüchtiges Wesen und nahten sich ihm nur unter Zeichen größter Ehrerbietung. Sir John Lubbock citirt aus den „Smithsonian Reports" nachstehenden charakteristischen Vorfall: Ein Missionär sendet seinem Collegen durch einen Indianer vier Brode, welche Zahl in einem Brief auch bestätigt wird. Der Bote verzehrt eines dieser Brode, was natürlich der Uebernehmer entdeckt. Bei einer zweiten ähnlichen Mission wendet der Indianer die Vorsicht an, den Brief, während er das Brod verzehrte, unter einen Stein zu stecken, „um nicht wiederum verrathen zu werden."

Diese Naturanschauung, die überall Leben und Selbstbewußtsein voraussetzt, erzeugt als erstgebornen Sohn den Aberglauben.

Die Abbildungen auf den Steinwaffen der Höhlenbewohner lassen vermuthen, daß der Aberglaube bereits seinen siegreichen Einzug gehalten hat. Wäre der Schaffungstrieb oder die Nachahmungssucht Urheber dieser Abbildungen, so würden sich letztere nicht ausschließlich auf die Thiere beschränkt haben, auf die der Mensch Jagd machte oder mit denen er zu kämpfen hatte.

Die Lanzenspitze, welche die Umrisse des Mammuths aufwies, mußte offenbar eine wirksame Waffe abgeben gegen dieses Ungethüm, wie die Harpune, auf der ein Reh oder Fisch abgebildet war, als am geeignetsten betrachtet wurde, das Reh zu erlegen oder den Fisch zu fangen. So verfertigte man im Mittelalter vom Feinde, den man verderben wollte, ein Bild aus Wachs und glaubte, daß das Original die Dolchstiche fühlen wird, mit denen man das Bild durchwühlte, und verbrannte oder hängte den Uebelthäter, dessen man nicht habhaft werden konnte, in effigie.

Wenn der Höhlenbewohner aus den Mammuthzähnen die Waffen gegen dieses Thier, und aus dem Hirschgeweihe die Lanzenspitzen bereitet, mit denen er den Hirsch erlegt, so verzehrt der Wilde Tigerfleisch, um seinen Muth, und verschlingt seines Feindes Auge, um seine Sehkraft zu stärken und so belehrt uns die skandinavische Edda, daß „Hundeshaar den Hundesbiß heile."

Das Zeitalter der Cromlechs, Hünengräber und Pfahlbauten weiset einen weitern Schritt in der Entwicklung auf: Die Familie ist zum Stamme herangewachsen, der Muße genug findet, für seine verstorbenen Fürsten mächtige Grabhügel aufzuwerfen und riesige Felsblöcke auf Anhöhen, wo man den Göttern näher zu sein wähnt, als Altäre für diese Götter zu errichten.

An der östlichen Seite der Grabkammer ruht der todte Führer sitzend, das Gesicht gegen Sonnenuntergang gewendet.

Von 42 in Wiltshire vorgefundenen Hünengräbern enthielten blos 17 je ein Skelet, während der Rest solche bald in größerer bald in kleiner Anzahl aufwies, und in einem Grabe waren sämmtliche Schädel bis auf einen wie durch ein Beil gespalten. Zahlreiche Waffen, Werkzeuge und Geräthschaften füllen die Grabkammer, während unmittelbar vor dem Eingange der Boden mit spitzigen Steinen und Scherben zerbrochener Thongefäße bedeckt ist. In der Regel sind diese Hünengräber in der Nähe eines Cromlechs am zahlreichsten.

Läßt sich aus diesen Daten ein Bild des politischen und religiösen Lebens der Jägerstämme des Steinzeitalters construiren? Wenn wir auch im großen Ganzen nur auf Vermuthungen angewiesen sind, so zeigt sich uns doch vor Allem der erste Schritt zum spätern Staatsleben. Um den Führer gruppiren sich die Stämme, seine Grabstätte befindet sich auf dem geheiligten Platze, wo den Göttern geopfert wird, seinem dem Laufe des Sonnengottes folgenden Geiste werden in den geopferten Kriegsgefangenen Begleiter und Gefährten nachgeschickt, die besten Waffen und Geräthschaften für diese Reise in das unbekannte Land mitgegeben. Damit es aber den auf die unfreiwillige Reise nachgeschickten Opfern nicht etwa beifalle, ihren Geibeter zu verlassen und zurückzukehren, werden vor den Eingang der Grabkammer spitze Steine und Scherben gestreut, eine Sitte, die noch von christlichen Völkern in Bezug auf die Gräber der Verbrecher und Selbstmörder beobachtet wurde.

„And but the great command o'ersways our order,
„She should in ground unsanctified have lodged
„To the last trumpet: for charitable prayers
„Shards, flints and pebbles, should be thrown on her."
(Hamlet act. V sc. I.)

Erst in späterer Zeit verschaffte man durch Ercirung des Fege=feuers den armen Sünderseelen, die bis dahin, da für sie die Pforten des Himmels geschlossen waren, umstät herumwandern mußten, einen Ruheplatz, gleichwie den früheren Religionen in der Seelenwanderung ein ähnliches Auskunftsmittel sich dargeboten hatte.

Während Hünengräber und Cromlechs uns einen, wenn auch be=schränkten Einblick in das sociale und religiöse Leben gestatten, fehlt jeder Anhaltspunkt, für eine ähnliche Beurtheilung der Pfahlbauten=bewohner; denn keine der Wohnhütten zeichnet sich durch Größe oder besondere Sorgfalt in der Bauart vor andern aus und keine Spur irgend welcher Götterverehrung ist bis jetzt aufgefunden worden. Diese gesammte Cultur ist aber, wie bereits erwähnt, von einer andern ver=drängt worden, wir müssen uns daher der letztern zuwenden, falls wir die Lücken ausfüllen wollen, die wir bei der bisherigen Entwicklung des Menschen vorgefunden haben.

Das Familienleben der Arier, wie jenes fast sämmtlicher Völker, ist ein patriarchalisches. An der Spitze steht der älteste Sohn des

Gründers der Familie, der unumschränkt über seine Geschwister und deren Nachkommenschaft gebietet. Doch werden die weiblichen Mitglieder nur solange zur Familie gezählt, bis sie durch Verheirathung Mitglieder einer andern und zwar der ihres Ehemannes werden.

Es scheinen in früheren Zeiten sämmtliche Frauen gemeinsames Eigenthum der Familie gewesen zu sein, da die Blutsverwandtschaft nur nach der Abstammung von derselben Mutter gerechnet wurde, eine Regel, die nicht nur die Römer, sondern auch die amerikanischen Sklavenstaaten noch in unserem Jahrhunderte in Bezug auf ihre Sklaven gelten ließen, und die das römische Recht zwang, zur Begründung der Verwandtschaft durch Abstammung von demselben Vater zu einer Rechtsfiktion Zuflucht zu nehmen — „pater est, quem nuptiae demonstrant, mater semper certa est.

Diese Frauengemeinschaft scheint ihre Entstehung hauptsächlich dem Umstande verdankt zu haben, daß man, da der Nutzen, welchen das weibliche Geschlecht bei der Vertheidigung der Familie zu bringen vermochte, die Erhaltungskosten nicht aufwog, Mädchen gleich nach der Geburt tödtete, weshalb man späterhin, um sich eine genügende Anzahl von Frauen zu verschaffen, gezwungen war, diese den Nachbarfamilien mit Gewalt abzuringen, — alle Güter jedoch waren nach der patriarchalischen Verfassung gemeinsames Eigenthum der ganzen Familie.

Die Existenz der Familie, einer kleinern oder größern Anzahl von durch Blutsverwandschaft verbundenen Menschen, hängt ab von dem mehr oder weniger entwickelten Familienbewußtsein und ich verstehe darunter die Ueberzeugung der einzelnen Mitglieder, daß ihr eigenes Ich mit der Gesammtheit unauflöslich verbunden, daß vom Bestande der letztern auch der Bestand des erstern abhängig ist. Familien mit geringerm Familienbewußtsein werden im Kampfe um die Existenz jenen unterliegen, deren Familienbewußtsein einen höheren Grad der Entwicklung erreicht hat.

Handlungen, welche geeignet sind, die Existenz der Familie zu sichern oder deren Zwecke zu fördern, werden die unbedingte Billigung und Anerkennung der Gesammtheit erlangen, wogegen Handlungen entgegengesetzter Wirkung von der Gesammtheit nicht nur mißbilligt, sondern einfach nicht geduldet werden dürften. Im Laufe der Zeiten werden sich diesbezüglich feste Normen herausbilden. Die Gesammtheit dieser Normen bildet die Moral einer gegebenen Familie zu einer gegebenen Zeit und diese wird mit den Zeitverhältnissen wechseln, je nachdem die Anschauungen, welche Handlungen geeignet sind, die Familienzwecke zu sichern oder zu fördern, wechseln werden.

Manche dieser Normen werden zu gesetzlichen Vorschriften und inwieferne des einen oder andern Gebietes des Familienlebens die Religion sich bemächtigt, zu religiösen Geboten sich gestalten. Die oben geschilderte Nothwendigkeit, in welche die Familie versetzt war, Frauen den Nachbarstämmen abzuringen, erzeugte das Verbot der Ehen zwischen Familienangehörigen und als die Religion das Gebiet des Ehelebens für sich usurpirte, da sanctionirte sie dieses bereits bestehende Rechtsbewußtsein und es entstand das religiöse Ehehinderniß der Verwandschaft, welches mit dem Anwachsen der kirchlichen Macht immer mehr ausgedehnt wurde und schließlich auch das Ehehinderniß der Verschwägerung nach sich zog. Selbstverständlich substituirte man der wirklichen Veranlassung neue den Bedürfnissen und Zeitverhältnissen besser entsprechende Motive, wie dieses beispielsweise auch bei den Speisegesetzen der alten Religionen der Fall war, welche Gesetze jedoch deutliche und unverkennbare Spuren eines frühern Thiercultus tragen.

Die in spätern Zeiten beobachteten Hochzeitsceremonien bekunden, daß die ursprüngliche Heimführung der Frau ein Gewaltakt war. Die Braut wurde einer Widerwilligen gleich in das Haus des Bräutigams getragen, so daß ihr Fuß die Schwelle nicht berührte. Die ersten Familienmütter Roms waren geraubte Sabinerinnen. Mit dem Eintritte in die neue Familie wird die Frau vollberechtigtes Familienmitglied, alle Bande früherer Verwandschaft sind vollständig gelöst. War ja in der Regel die Familie, der sie angehört hatte, vernichtet worden, oder stand doch feindlich gegenüber derjenigen, an welche sie nunmehr durch neue, mächtigere Bande geknüpft war.

Als gesittetere Zeiten kamen, als an Stelle des Raubes der Kauf oder gar die freie Werbung trat, da unterlag auch die sociale Stellung der Frau einer totalen Aenderung.

„Die tugendhafte Frau soll nur einen Ehegatten haben, wie der rechtlich gesinnte Mann nur eine Frau (Manu)."

Nur den Brahmanen und Kshatriyas (Kriegerkaste) waren drei beziehungsweise zwei Frauen gestattet.

Die Ehe ist heilig, Mann und Frau sind beide Gebieter des Hauses und nahen den Göttern im gemeinschaftlichen Gebete. Die Erhaltung des ewigen Opferfeuers, welches als Hausgottheit über die Familie wachte, obliegt der Frau.

Die heiligen Bücher sind voll von Sentenzen, aus welchen zu schließen, die den Frauen gezollte Achtung an Verehrung grenzen mußte.

„Wer ein Weib verachtet, verachtet seine Mutter."

„Die Thränen eines Weibes rufen das Feuer des Himmels auf denjenigen herab, der sie fließen machte."

„Verflucht sei, wer über eines Weibes Leiden spottet."

„Wenn die Frau glücklich ist, dann ist auch die Familie glücklich."

„Die Frau soll dem Manne sein eine Erleichterung seiner Mühen und ein Trost im Unglück."

„Es war das Gebet eines Weibes, wegen dessen Gott den Menschen begnadigte; verflucht sei wer dies vergißt."

„Der Vater ist hundertmal ehrwürdiger als der Lehrer, die Mutter tausendmal mehr als der Vater."

„Bemerkenswerth," sagt A. Weber in seinen akademischen Vorlesungen über indische Literaturgeschichte, „ist die freie Stellung der Frauen in dieser Zeit, wir finden Lieder der ausgezeichnetsten Gattung, welche Dichterinnen und Königinnen zugeschrieben werden. In der Liebe ist übrigens das zarte ideelle Element wenig betont, sie trägt vielmehr durchgehends das Gepräge einer natürlichen Sinnlichkeit."

Die Frauen bedürfen aber immer des Schutzes, der Bevormundung. Die Väter beschützen sie in ihrer Kindheit, die Männer in ihrer Jugend und die Söhne im Alter; das weibliche Geschlecht ist nie reif für Unabhängigkeit (Pasishta V. 2).

Mann und Frau bilden vor dem Gesetze eine Persönlichkeit. Sie können wider einander nicht als Zeugen aussagen, alles Eigenthum ist ihnen gemeinschaftlich, und der Mann haftet für die Schulden der Frau, welche sie zur Bestreitung nothwendiger Auslagen während seiner Abwesenheit contrahirt hat. Da Mann und Frau in Gemeinschaft ihre religiösen Obliegenheiten erfüllen, so werden sie gemeinsam des göttlichen Lohnes theilhaftig werden (Apastamba II. 6. 14).

Die Namen für Mutter, Tochter und Schwester kennzeichnen die Stellung, welche die Frauen im engsten Familienkreise eingenommen. Die Mutter, mâthar, ist die „Erzeugerin" der Familie; die Tochter, duhitar (*duyárṛ*) ist die „Melkerin", da duhitar vom Stamm duh abgeleitet ist und duh im Sanskrit melken bedeutet; die Schwester, svâsar, d. i. diejenige, welche „gefällt" oder „tröstet". Aehnlich weiset auch die Bezeichnung der männlichen Mitglieder der Familie auf die Aufgaben hin, die diese zu erfüllen hatten.

Der Bruder, bhrátar, ist derjenige, welcher „hilft" und „unterstützt" und Vater, páter stammt von der Wurzel pâ, welche „beschützen" bedeutet. Wie die Töchter der Mutter bei der Verrichtung der häuslichen Arbeiten hilfreich zur Seite stehen, so unterstützen die Söhne das Oberhaupt in allen zum Schutze dieser Familie nothwendigen Unternehmungen.

Die Pflicht des Patriarchen, seine Familie zu schützen, begründet die dominirende Stellung, die er in der Familie einnimmt; er ist der Repräsentant der Familie. Der Patriarch entscheidet, ob ein Ueberfall zu unternehmen, er trifft die Vertheidigungsmaßregeln, seine Anordnungen sind Gesetz im Kriege wie im Frieden. Als Repräsentant der Familie fleht er die Götter um ihren Schutz an und bringt ihnen die heiligen Opfer dar. Alle weltliche und geistige Gewalt ist in seiner Person vereinigt.

„τοῖσιν δ' οὔτ' ἀγοραὶ βουληφόροι οὔτε
θέμιστες.
θεμιστεύει δὲ ἕκαστος
παίδων ἠδ' ἀλόχων, οὔτ' ἀλλήλων
ἀλέγουσιν." Homer.

Neben den eigentlichen Familienmitgliedern müssen noch die Sklaven und die durch Adoption in den Verband der Familie aufgenommenen erwähnt werden. Die Sklaven, größtentheils Kriegsgefangene, erfreuen sich einer humanen Behandlung, ihre Stellung ist nicht weit verschieden von der der Familienmitglieder. Sie sind dem Oberhaupte unbedingten Gehorsam schuldig, nicht minder sind dies auch die Familienangehörigen. Der Patriarch hat die Macht über Leben und Tod des Sklaven, dasselbe Recht steht ihm aber auch in Bezug auf sämmtliche Angehörige zu. Der einzige Unterschied ist darin zu finden, daß wohl der Sohn nicht aber der Sklave eine Familie gründen, selbst das Oberhaupt einer Familie werden konnte. Die Adoption fremder Angehöriger ist späteren Datums und scheint ähnlichen Verhältnissen entsprungen zu sein, wie die Sitte, die Frauen aus fremden Stämmen zu nehmen. Es mögen nämlich Fälle sich ereignet haben, wo die Familie wegen Abgangs an männlichen Nachkommen zu erlöschen drohte. Die Erhaltung der Familie war aber die heiligste Pflicht, denn die Nachkommen hatten für das Seelenheil ihrer Ahnen zu beten und ihnen Opfer darzubringen, das Familienvermögen hatte in erster Richtung diesem Zwecke zu dienen. Das Erlöschen einer

Familie barg somit eine Gefahr für das Seelenheil aller vorausgegangenen Generationen, es war gleichsam von rückwirkender Kraft und involvirte die Vernichtung der Familie vom Zeitpunkte ihres Entstehens. Um dieser Gefahr vorzubeugen, mußte der jüngere Bruder der kinderlosen Frau des ältern noch zu dessen Lebzeiten beiwohnen oder sie nach dessen Tode zur Frau nehmen und die so erzeugten Söhne galten als die Nachkommen des ältern beziehungsweise verstorbenen Bruders. Dieselbe Vorschrift finden wir im jüdischen Gesetze (Chalyzza), da auch nach jüdischem Glauben die Seele des Vaters nur durch die Todtengebete der Söhne erlöst werden kann.

Das wirksamste Mittel gegen die drohende Erlöschung des Mannesstammes war die Adoption. Wie die Frau durch Heirath, so wurde der Mann durch Adoption Mitglied der Familie. Bei beiden hörte die frühere väterliche Gewalt auf, da beide unter die Gewalt des Oberhauptes ihrer neuen Familie kamen. Die diesen Wechsel bekundenden äußern Förmlichkeiten waren auch in beiden Fällen dieselben.

Das Vermögen bestand, wie bereits erwähnt, hauptsächlich in Weidevieh, und da die Weideplätze oft gewechselt werden mußten, so dürfte der Ackerbau nur auf jene Getreidearten sich beschränkt haben, deren Anbau den Ortswechsel in kurzen Zwischenräumen gestattet, ähnlich wie die Tartarenstämme Buchweizen aussäen, den sie bereits nach zwei bis drei Monaten einernten.

Daß aber der Ackerbau, noch bevor die Wanderungen der einzelnen Arierstämme begonnen hatten, in Gebrauch gestanden, beweiset unter andern beispielsweise der Umstand, daß die Griechen dem Abende das Epitheton boulutos, d. i. die Zeit, wann dem Ackervieh das Joch abgenommen wird, beifügten, welche Idee auch im altdeutschen âbant ausgedrückt wird.

Dieses Vermögen nun war der Familie gemeinsames Eigenthum, bestimmt zur Befriedigung der Bedürfnisse sämmtlicher Familienmitglieder, welch letztere auch nach dem Ableben des Patriarchen zusammenblieben. Nur wenn die Familie, sei es weil wegen des Heranwachsens derselben ein weiteres Zusammenleben nicht opportun erschien, sei es auch aus andern hier nicht maßgebenden Gründen sich theilte, erfolgte auch die Theilung des Familienvermögens.

Aus dieser Gemeinsamkeit des Vermögens sind die Bestimmungen des spätern Erbrechtes zu erklären, wonach alle Kinder zu gleichen Theilen erben und die Söhne, falls das Vermögen zur Befriedigung der Schulden des Vaters nicht hinreichen sollte, für diese Schulden aus Eigenem aufzukommen haben. Denn die contrahirten Schulden konnten doch nur im Interesse der Familie verwendet worden sein, weshalb auch Spielschulden und Schulden für geistige Getränke von der allgemeinen Regel ausgeschlossen wurden (Gautama XII. 41).

Mit dem Uebergange zum Agriculturleben tritt eine totale Aenderung in den bisher geschilderten Verhältnissen ein. Die Verfassung der patriarchalischen Familie tritt in den Hintergrund und macht Platz dem auf breiterer Basis sich entwickelnden Stammesleben. Die Gewalt des Patriarchen wird auf die Versammlung sämmtlicher Familienhäupter des Stammes übertragen; die Familie, früher ein von aller Welt abgesondertes nur für sich und in sich existirendes Ganze, wird zu einem Bestandtheile des Stammes, zu einem der vielen jetzt sich geltend machenden Factoren herabgedrückt. Bisher war der Grund und Boden frei wie die Luft und die Gewässer des Meeres. Man weidete sein Vieh und zog dann weiter, frische Weideplätze suchend. Niemand erhob Ansprüche auf ein bestimmtes Stück Landes und Niemand wäre geneigt gewesen, solche Ansprüche gelten zu lassen. Jetzt tritt der Mensch in ein festes Verhältniß zum Boden, den er früher nur betreten, um ihn bald darauf zu verlassen. Er bebaut und umzäunt ihn, er säet den Samen aus, und wartet die Ernte ab, sein Eigenthum, sein Vermögen hat einen Zuwachs erhalten und er ist bereit, dieses neu erworbene Vermögen gegen jeden Dritten zu vertheidigen, wie er das früher Besessene stets vertheidigt hat.

Die neuen Verhältnisse bedingen eine neue Lebensweise, neue Sitten.

Der kühn herumschweifende, raufdlustige Jäger und Hirte wird zum ruhigen, arbeitsamen Ackersmanne, der bedächtig die Zeit abmißt für Saat und Ernte, und den Himmelsgöttern reichliche Opfer spendet, auf daß sie bald den befruchtenden Regen der lechzenden Erde zuführen, bald durch lebenerweckende Wärme der keimenden Saat Wachsthum und Gedeihen schenken.

Der Uebergang zum Ackerbau bedingte einen totalen Umschwung in den religiösen Anschauungen des Menschen.

„Zwei Dinge", sagt Kant, „erfüllen das Gemüth mit immer neuer und zunehmender Bewunderung und Ehrfurcht, je öfter und anhaltender sich das Nachdenken damit beschäftigt: Der bestirnte Himmel über mir und das moralische Gesetz in mir (Kritik der praktischen Vernunft)."

Das „moralische Gesetz" dürfte wohl das Nachdenken des vorhistorischen Menschen wenig in Anspruch genommen haben, umsomehr nehmen die geheimnißvollen Höhen über ihm seine Phantasie gefangen. Wohin er auch wandern mochte, überall hin folgte ihm das undurch= dringliche, blaue Gewölbe mit all seinen Wundern, den glitzernden Sternen, dem milden Mondeslichte und dem majestätischen Glanze der Sonne. Er sucht seine Götter nicht mehr auf Erden sondern im Himmel.

„In den Vedas" sagt Max Müller, wird Dyaus-pitar, der griechische Zeupater, der römische Jupiter angerufen und dies bedeutet in allen diesen drei Sprachen, was es bedeutete, noch bevor diese Sprachen von einander sich abgesondert hatten — nämlich Himmelsvater! Diese zwei Worte sind aber nicht blos Worte; sie stellen sich meinem Geiste dar als das älteste Gedicht, das älteste Gebet der Menschheit oder doch wenig= stens jenes Zweiges derselben, zu dem wir gehören — und ich bin eben so fest überzeugt, daß dieses Gebet gestammelt, daß dieser Name dem unbekannten Gotte gegeben wurde, bevor Sanskrit Sanskrit und Griechisch Griechisch war, wie ich gewiß bin dessen, daß das Gebet unseres Er= lösers, auch wenn ich es in der Sprache Polynesiens und Melanesiens sehe, zum ersten Male in der Sprache Jerusalems gesprochen worden war. Als wir den Namen Jupiter hörten, herabgewürdigt durch Homer und Virgil zu einem scheltenden Ehemanne oder treulosen Geliebten, da konnten wir wohl kaum ahnen, daß heilige Ueberlieferung in diesem unheiligen Namen eingehüllt lag. . . . . Tausende von Jahren sind ver= gangen, seitdem die arischen Stämme sich trennten, um nach Nord und Süd, nach West und Ost zu wandern; alle haben sie ihre Sprachen ge= bildet, Kaiserreiche und Philosophien gegründet, Tempel gebaut und solche dem Erdboden gleich gemacht, sie sind alle älter und vielleicht auch besser und weiser geworden; aber wenn sie nach einem Namen suchen für das= jenige, was das erhabenste und theuerste für jeden von uns ist, wenn sie Ehrfurcht und Liebe, das Unendliche und Endliche auszudrücken wünschen, so können sie nur das thun, was ihre Vorfahren gethan, wenn diese in den ewigen Himmel blickten und die Gegenwart eines Wesens fühlten, das ihnen unendlich fern und unendlich nahe war — sie können eben nur diese zwei Worte an einander reihen und noch einmal jenes Gebet der Arier in der Form beten, in welcher es für ewig dauern wird: „Vater Unser, der du bist im Himmel".

Der Himmelsgott dyáus darf aber keineswegs als eine mono= theistische Vorstellung von der Gottheit genommen werden. Die Wurzel div oder dyu bedeutet „scheinen", das Substantivum dyu „der Himmel". Was der Arier am Himmel wahrnimmt, ist für ihn dyáus. Er richtet sein Gebet an die Sonne, den Mond, die Sterne und ruft alle mit dem heiligen Namen dyâus an, denn sie alle sind für ihn die „Scheinenden", „Glänzenden". Der Donner und der Blitz sind dyâus, wie nicht minder der Sturmwind und der Regen, denn sie alle entstammen dyâus, dem Himmel. Wann die Mühsal und Bürde des Lebens zunimmt, der Mensch im Schweiße seines Angesichts die Erde bebauen muß, wann die einzelnen Naturkräfte bald hilfreich ihm zur Seite stehen, bald seiner Hände Werk zerstören, da entsteht im Menschenherzen die Sehnsucht nach einer Gottheit, die mit ihm kämpft und arbeitet, siegt und schafft, ja mit ihm erliegt und stirbt. — Dyaus der Himmel erzeugt mit Prithivi der Erde, dort wo sich Himmel und Erde umschließen — Indra den Sonnengott, der kaum geboren schon mit den Morgenwolken zu kämpfen hat, der späterhin strahlend und stark als Sieger den Himmel heraufsteigt, um dann in der Umarmung der Nacht zu verschwinden.

Indra besiegt aber die schwarze Schlange, die Nacht, wie Horus Typhon besiegt, wie Appollo die Schlange Python und Thorr die große Erdschlange, sie alle, die Sonnengötter, kehren als Sieger aus der Unterwelt zurück.

Die Naturkräfte werden personificirt und treten, den Menschen ähnlich, in bald nähere bald entferntere Verhältnisse zu einander; die Erscheinungen, in denen die Naturkräfte sich äußern, werden in glühenden Bildern geschildert, diese Schilderung verliert aber bald die ursprüngliche Bedeutung: dem Polytheismus gesellt sich ein ganzer Sagenkreis bei.

Das durch den Uebergang zum Ackerbau ermöglichte Stammesleben war auf die weitere sociale und politische Entwicklung von tief eingreifender Wirkung. Die Stelle der Familie nimmt nunmehr der Stamm ein, das Familienbewußtsein hat sich zum Stammesbewußtsein erweitert. Alle jene Normen, deren Zweck die Erhaltung der Familienexistenz gewesen, werden in den Hintergrund treten vor solchen, welche die Erhaltung der Stammesexistenz bedingen. Dem gegenüber werden die bisherigen Gesetze und die bisherige Moral eine nicht unwesentliche Modification erleiden. Der Patriarch war früher das unumschränkt waltende geistliche und weltliche Oberhaupt der Familie. Bei der Verehrung, welche man den Vorfahren zollte, war es leicht erklärlich, daß die Anordnungen einzelner Patriarchen, denen wegen ihrer Verdienste späterhin göttliche Verehrung zu Theil wurde, als von der Gottheit stammende Gebote betrachtet wurden. Diese Auffassung des Ursprungs der Gesetzgebung ist so allgemein, daß wir sie fast bei allen Völkern vorfinden.

Die Egypter schreiben ihre Gesetze den Lehren Thoths zu; die Gesetzgeber Griechenlands, Minos und Lycurgos, werden der eine von Zeus, der andere von Apollo inspirirt; Zoroaster wird von Ahuramazda unterrichtet und Moses empfängt auf dem Berge Sinai von Jehovah selbst seine Gebote.

Eine derartige Auffassung birgt aber eine große Gefahr für die weitere Entwicklung des Volkes, welches sie hegt, in sich. Denn wegen des göttlichen Ursprungs wird das Gesetz und mit diesem die Moral — es sind vorwiegend moralische Gebote, mit denen die Gesetzgebung der alten Völker sich beschäftigt — leblos und starr. Das Gesetz muß aber, falls es nicht seinen Zweck verfehlen soll, den jedesmaligen Verhältnissen sich anpassen, es muß elastisch und schmiegsam sein, sonst wird es, so wohlthätig seine Wirkung ursprünglich gewesen sein mag, bei veränderter Lage der Gesellschaft zum unüberwindlichen Hindernisse für jeden Fortschritt werden.

Harte, unbeugsame, ja grausame Gesetze waren erforderlich, um den Wilden der Urzeit zum Staatsleben heranzuziehen, um die noch ungezügelten Leidenschaften im Zaume zu halten, und göttlicher Ursprung war vielleicht das wirksamste Mittel, solchen Gesetzen Gehorsam zu verschaffen. — Nicht alles aber, was auf das Entstehen einer Nation von heilsamem Einflusse ist, fördert auch die weitere Entwicklung der bereits bestehenden Nation, das Arzneimittel, welches eine gefährliche Krankheit gebannt hat, wird zum Gifte für den gesundeten Organismus.

Die Auffassung, daß die Gesetze von der Gottheit verkündet worden sind, ist als eine der Hauptursachen jener Stagnation zu betrachten, in welcher der größte Theil der Völker Asiens wie durch einen Zauber erstarrt zu ruhen scheint, und welcher sie so schwer zu entreißen sind, sie erklärt uns, warum die Chinesen dieselben geblieben, wie sie vor Jahrtausenden gewesen, und warum die Juden einen so markant conservativen Charakter aufweisen.

Nur jene Völker, deren Gesetzgeber Menschen und keine Götter oder gottbegnadete Propheten gewesen, deren Gesetze mit ihnen herangewachsen, einer ewigen Fluctuation unterworfen sind, schreiten einer immer höheren Entwicklung entgegen, wie wir dies bei den Athenern und späterhin bei den Römern sehen.

Das Stammesleben der Arier modificirte, wie bereits hervorgehoben, die früher bestandenen gesetzlichen Normen und erschütterte dadurch den Glauben an die Heiligkeit dieser Normen. Was einst das

Wesen der Familie gebildet, was dem ganzen Leben dieser Familie eine bestimmte Richtung gegeben hatte, war die patriarchalische Gewalt und nun wurde diese an Inhalt und Umfang beschränkt, deren Function durch die berathende Versammlung sämmtlicher Familienhäupter des Stammes ersetzt. Auf diese Versammlung wurde nunmehr die Aufgabe übertragen, für den Schutz des Stammes und mit diesem der einzelnen Familien zu sorgen, die Beschlüsse dieser Versammlung und nicht mehr die Anordnungen des Patriarchen waren Gesetz, dem auch die Familienhäupter sich unterwerfen mußten. Wenn noch hinzugefügt wird, daß der Vorsitzende keine besondere Gewalt ausgeübt zu haben und aus der freien Wahl sämmtlicher Stimmberechtigter hervorgegangen zu sein scheint, so erhalten wir in ungefähren Umrissen ein Bild vom ersten Parlamente jener Familie, der alle europäischen Völker entstammen. — Eine debattirende Versammlung wird gemeiniglich immer neue Ideen erzeugen und sie kann nur bestehen, wenn für geäußerte Ansichten Toleranz geübt wird. Neue Ideen und Toleranz für diese sind aber die Grundbedingungen jedes Fortschritts. Und hier sehen wir wiederum einen jener Umstände, die uns erklären, warum die arischen und nicht auch die andern Völkerfamilien den Weg des Fortschritts gewandelt.

Der Patriarch hatte ferner die Pflicht, im Namen der Familie die Götter um ihren Schutz anzuflehen und ihnen Opfer darzubringen, es war daher selbstverständlich, daß die erwähnte Versammlung oder doch wenigstens einzelne Mitglieder derselben, die sich durch besondere Kenntniß der religiösen Gebräuche auszeichneten oder sonst im Rufe der Heiligkeit standen, dieses Amtes im Namen des Stammes walteten. Es bildet sich eine besondere Klasse heran, die der Priester, und es erfolgt die Trennung der geistigen von der weltlichen Gewalt.

Durch Einschränkung der patriarchalischen Gewalt und Heranziehung der Familienhäupter zur Rathsversammlung des Stammes wird die Bildung immer neuer Familien begünstigt, von der ursprünglich unumschränkten Macht des Familienhauptes ist nichts geblieben als nur die patria potestas, die Zeugniß ablegt für die Herrschaft, welche einst der Patriarch geübt.

Hand in Hand mit diesen Veränderungen im bisherigen socialen, politischen und religiösen Leben der Familie geht auch die Modification der Eigenthumsverhältnisse. Die Bestandtheile des frühern Vermögens, welches ausschließlich aus beweglichen Gütern und Verbrauchsgegenständen bestanden hatte, treten in den Hintergrund vor dem neu erworbenen Vermögen, dem unbeweglichen Grund und Boden und es bildet sich im Laufe der Zeit eine eigenthümliche Verfassung heraus, die unter dem Namen der Dorfgenossenschaft bekannt ist.

Das Land, von dem ein Stamm Besitz genommen, wird in drei scharf abgegrenzte Theile zerlegt. Der eine schließt sich unmittelbar an die Wohnhütten der einzelnen Familien an und dient, in — der Zahl der Familien — entsprechende Parzellen abgetrennt als das zur Bewirthschaftung nothwendige Nebenland. Alle Wohnstätten des Stammes sammt dem zugehörigen Nebenlande sind in der Regel umzäunt oder mit Wall und Graben umgeben.

An dieses Nebenland schließt sich der dem Anbau vorbehaltene Grund und Boden in solchem Ausmaße an, wie er eben zur Ernährung des Stammes nothwendig erachtet wurde. Das Ackerland ist gleichfalls entsprechend der Anzahl der Familien und mit Rücksicht auf die Bedürfnisse dieser Familien in kleinere oder größere Complexe zerlegt, und je einer Familie ein solcher Complex zur Bewirthschaftung und Fruchtnießung zugewiesen. Diese Bewirthschaftung hängt aber nicht vom Ermessen der Familie ab, sondern wird in der Rathsversammlung des Stammes beschlossen, die landwirthschaftliche Thätigkeit bis in's kleinste Detail von Fall zu Fall geregelt. — Die Grundzutheilung selbst erfolgt so oft ein Bedürfniß hierfür sich geltend macht. Das restliche nach Abtrennung dieser beiden Theile im Besitze des Stammes verbleibende Land bildet die gemeinsamen Weideplätze.

Die ursprüngliche Rechtsanschauung, daß alles Vermögen gemeinsames Eigenthum bilde, wird somit auch vom Stamme beibehalten. Gleichzeitig aber fängt der Begriff des Privateigenthums sich scharf abzusondern an, doch beschränkt sich letzteres nur auf persönlichem Bedürfnisse dienende Gebrauchsgegenstände, während was wir Produktionsmittel nennen würden, Gemeineigenthum der Gesammtheit verbleibt So zeugt der Umstand, daß das römische Recht Vieh unter die res mancipi zählt, davon, daß dieses dem Grund und Boden gleichgestellt, d. i. als gemeinschaftliches Eigenthum betrachtet wurde.

Diese Verfassung nahmen die arischen Völkerstämme auf ihre Wanderungen mit. In Athen und Sparta, in Rom und unter den germanischen und slavischen Stämmen, überall nimmt das Volk an der Berathung über wichtige Fragen Theil und ernennt den Führer durch freie Wahl. Und wo wir bereits Fürsten finden mit königlichem Titel und Männer von vornehmer Geburt, die Quelle aller Macht bleibt immer das freie bewaffnete Volk, „es ist dies die Constitution der Homer'schen Achäer auf Erden und der Homer'schen Götter im Olymp".

„Die Entstehung der Lehen wird bald auf den eigenthümlichen nationalen Geist der Germanen, bald auf deren Gefolgschaftswesen, bald auf die römischen beneficia imperatoria, bald auf die neuen Ansiedelungen, bald auf die Benefizien der merovingischen Könige und bald auf eine selbständige politische Erfindung der Karolinger zurückbezogen. Man müsse die Erde umwandeln, sagt Montesquieu, um die Wurzeln jenes mächtigen alles beschattenden Eichbaumes — Feudalismus — finden zu können (J. Held: Staat und Gesellschaft)." —

Die Wurzeln dieses Eichbaumes sind an den Ufern des Oxus und Jaxartes zu suchen, der Feudalismus ist die unter bestimmten Einflüssen entwickelte Dorfgenossenschaft. —

Der gewählte Vorsitzende der Rathsversammlung hat sich bei den kriegerischen Stämmen, die Europa überfluthen und es erobern, in einen Fürsten, den Repräsentanten des ganzen Stammes, verwandelt. Das eroberte Land, die gemachte Beute sind gemeinschaftliches Eigenthum aller Stammesmitglieder, das Verfügungsrecht darüber steht dem Repräsentanten des Stammes, dem Fürsten, zu. Der Fürst eignet alles Land nicht in eigenem Namen, sondern im Namen des Volkes, das er beherrscht, er muß es unter sein Volk vertheilen, es hat Jeder Anspruch auf den gebührenden Antheil. Freilich kann jetzt keine Rede mehr von einer gleichartigen, den Bedürfnissen entsprechenden Vertheilung sein, die größeren Dienste erheischen eine größere Entlohnung und die Beurtheilung hierüber steht dem Fürsten zu. Das Eigenthumsrecht an dem so erworbenen Vermögen bleibt aber ein durch das Obereigenthum des Stammes beziehungsweise Fürsten beschränktes Recht, ein Nutznießungsrecht, wie wir es bei der Dorfgenossenschaft finden. Die Entscheidung über alle die Gesammtheit betreffenden Angelegenheiten durch das Volk, das Eigenthumsrecht der Gesammtheit an dem erworbenen Vermögen, der Anspruch des Einzelnen, auf den ihm, sei es nach seinem Bedürfnisse, sei es nach seinem Verdienste gebührenden Antheil: Dies sind die charakteristischen Merkmale der feudalen Verfassung, aber auch jene der Verfassung der Dorfgenossenschaft.

Am reinsten hat sich diese Verfassung unter jener Völkerfamilie erhalten, die der Zeit nach die letzte, die asiatische Heimath verlassen, den

Slaven. Bei den Russen finden wir die Dorfgenossenschaft fast in ihrer ursprünglichen Form wieder, bei den Polen war der König stets nur der primus inter pares.

III.

Die Arier haben Indien erobert und eine ihnen fremde Menschenrace unterjocht. Der Kampf zwischen verschiedenen Racen erweckt in der Brust des Siegers ein Gefühl der angeborenen Ueberlegenheit über den Besiegten, des gleichsam in der Natur begründeten Unterschiedes zwischen Mensch und Mensch, und die Ausbeutung des Menschen durch den Menschen ist nur die natürliche Folge dieser Ueberzeugung.|

Die Form, unter der diese Ausbeutung uns zum ersten Male vor die Augen tritt, ist die Sklaverei.

Die Arierstämme haben Sklaven lange vor der Eroberung Indiens besessen, und es wird Sklaven gegeben haben, sobald nur der Mensch zur Kenntniß gelangt war, daß ihm die Dienste seines Mitmenschen nützlich werden können, aber der Sklave war nicht als ein Wesen niederer Gattung angesehen, er war vielleicht aus Mitleid vom Sieger verschont worden, oder hatte es vorgezogen, unter den Schutz eines fremden Stammes sich zu stellen, statt einsam und verlassen herumzustreifen, eine sichere Beute jedes ihm überlegenen Mitgeschöpfes. Der Sklave gehörte, wie wir gesehen haben, zur Familie, seine Beschäftigung war dieselbe wie die der übrigen Familienmitglieder, er arbeitete für die andern wie letztere für ihn, es gab einzelne Sklaven aber keine Sklaverei.

Mit der Unterwerfung einer fremden Race ändert sich die Sachlage. Der Sieger dünkt sich ein höheres von den Göttern bevorzugtes Wesen zu sein, er sieht mit Stolz und Verachtung auf diesen fremdartigen Menschen herab, der in seinen Augen nicht viel vor dem Thiere voraus hat. „Es ist die Natur selbst", philosophirt Aristoteles, „welche die Sklaverei geschaffen hat.

Unter den Thieren unterscheiden wir Männchen und Weibchen; das Männchen ist vollkommen, es befiehlt; das Weibchen ist weniger vollkommen, es gehorcht. Nun gibt es unter den Menschen Individuen, die sich zu andern verhalten wie der Körper zur Seele, oder das Thier zum Menschen. Diese sind Geschöpfe, geeignet nur zu körperlicher Arbeit, unfähig vollkommeneres zu unternehmen. Diese Individuen sind von Natur zu Sklavendienste bestimmt, es gibt für sie nichts besseres als zu gehorchen. Denn, existirt denn in der Wirklichkeit ein Unterschied zwischen dem Sklaven und dem Thiere? Beider Dienstleistungen sind ähnlich, nur durch ihren Körper können sie sich nützlich machen. Wir müssen daher aus all' dem schließen, daß die Natur die Einen für die Freiheit, die Andern für die Sklaverei geschaffen hat, und daß es gerecht ist und nützlich, daß der Sklave gehorche."

Die Strafe der Ausschließung von allen Kasten, d. i. der Degradirung des Schuldigen zum Sklaven, galt bei den Hindus als die empfindlichste.

„Diese Männer (d. i. die Ausgestoßenen)" heißt es in den Vedas, „gekennzeichnet mit dem Brandmale der Schande, sollen von ihren Verwandten väterlicher oder mütterlicher Seite verlassen werden, denn sie verdienen weder Beachtung noch Mitleid. Wir dürfen nicht mit ihnen zusammen speisen, noch mit ihnen die heiligen Bücher lesen, noch ihnen unsere Töchter zu Frauen geben. Sie sollen in Elend auf der Erde herumwandern, kein gesellschaftliches Band soll sie mit uns verknüpfen."

„Ein Sudra, welcher mit Absicht einen Hindu wörtlich oder thätlich beschimpft, soll des Gliedes beraubt werden, mit dem er die Beleidigung begangen hat. Wenn er zugehört hat, wie Stellen aus den heiligen Büchern gelesen worden sind, so sollen seine Ohren mit geschmolzenem Zinn gefüllt, wenn er selbst solche Stellen aus der Veda citirt, so soll ihm seine Zunge herausgerissen, und wenn er solche Stellen im Gedächtniß behält, so soll sein Körper in zwei Theile zersplittert werden. Wenn der Sudra eine Position einnimmt gleich dem Hindu, sei es wenn er sich setzt oder niederlegt, oder wandert, soll er körperlich gezüchtigt werden (Gautama XII 1—7)."

„Der Umgang mit einem Ausgestoßenen ist eine Todsünde. (Vasishta I. 19.)" Was der Sklave antastet, wird unrein; der Sklave wird grausam bestraft, wenn sein Schatten auf einen Brahmanen fällt, er ist des Todes, wenn er einen Brahmanen berührt.

Wir wissen, daß die Griechen ihre Sklaven zwangen, sich zu berauschen, um ein abschreckendes Beispiel dieses Lasters der griechischen Jugend vorführen zu können, daß sie auf ihre Sklaven Hetzjagden veranstalteten, um diese Jugend im Kriegshandwerke zu üben, daß die Römer sie zu Gladiatoren erzogen und fast unbewaffnet dem Fraße wilder Thiere vorwarfen zur großen Belustigung des rohen römischen Pöbels, daß das Gesetz auf die Tödtung eines Sklaven durch den Eigenthümer nicht die geringste Strafe festsetzte, da ja der Sklave eine Sache war und das Eigenthumsrecht als das jus utendi et abutendi re sua definirt wurde. Ein Sklave wird gekreuzigt, weil er eine Wachtel gestohlen; ein anderer verurtheilt den Fischen vorgeworfen zu werden, weil er eine krystallene Vase zerbrochen hat. Die aristokratischen Damen Roms haben immer lange, spitze Nadeln zur Hand, mit denen sie die entblößten Schultern und Arme ihrer Kammermädchen zerfleischen, und Juvenal erzählt von einer vornehmen Dame, welche zur Befriedigung einer augenblicklichen Laune einen Sklaven kreuzigen ließ. Wenn ein Herr ermordet wurde, so werden alle seine Sklaven gefoltert, und wenn der Thäter nicht entdeckt wird, getödtet. Nach einer feierlichen Debatte im Senate, deren Einzelheiten uns Tacitus mittheilt, werden 400 Sklaven des ermordeten Pedanius, einem alten Gesetze gemäß, hingerichtet, obwohl es offenbar war, daß kaum einer von ihnen Kenntniß vom begangenen Verbrechen haben konnte. Es giebt noch heutzutage und hat immer Menschenfreunde gegeben, die, wenn sie auch das Sklavenwesen im Principe verdammen, dessen vollberechtigte Existenz in der Vergangenheit anerkennen. —

Es mußte, behaupten diese, eine Klasse von Menschen gegeben haben, die durch ihre Arbeit es der Minderzahl ermöglichten, höhern Aufgaben nachzustreben, der Fortschritt ist nur dann möglich, wenn ein Theil der Bevölkerung frei ist von der Sorge und dem Kampfe um die Existenz. —

Es ist nicht so sehr der Umstand, daß durch Tausende von Jahren so und so viele Sklaven hingeopfert worden sind, der uns die Sklaverei widerwärtig macht, Krieg und Aberglaube haben unstreitig mehr Menschenopfer gekostet und das Menschenleben war seit jeher eine billige Waare. Was uns die Sklaverei verdammen läßt, ist, daß sie das Grundübel in die Welt gesetzt, unter dessen Folgen die Menschheit noch heute zu leiden hat, nämlich, wie schon oben hervorgehoben worden, den gleichsam in der Natur begründeten Unterschied zwischen Mensch und Mensch und als Folge dieser Anschauung die Ausbeutung des Menschen durch den Menschen. —

War es einst die Farbe einer angeblich inferioren Race, welche dieses stolze Selbstbewußtsein in der Brust eines siegestrunkenen Wilden erzeugt hatte, so wird es späterhin die dem Stärkern vielleicht unverständliche Sprache, oder irgend welche seltsame Gewohnheit, oder gar

die religiöse Anschauung des Schwächern sein, welche diese vorgefaßte
Meinung bestätigen wird. Der menschliche Geist wird von nun an un=
ermüdlich sein auf der Suche nach derartigen unterscheidenden Merkmalen,
er wird auch je nach Bedürfniß solche entdecken, und sollte es selbst das
blaue Blut sein, das in den Adern unserer Aristokratie fließt. Von nun
an wird aber auch die Arbeit selbst, da sie von den Sklaven geleistet
wird, zur unehrenhaften Beschäftigung gestempelt. Daher behauptet auch
Aristoteles, daß die Arbeit den Arbeiter verdummt, und daß der Arbeiter
deshalb nicht die Kraft hat, etwas Höheres zu erstreben und die Meisten
nur Sklavenseelen sind, die nicht wissen, was schön, gut und gerecht ist,
er warnt demgemäß den guten Bürger vor der Arbeit, „denn sie stumpft
Geist und Körper ab und schafft ungeschlachte Leute". Nach Demosthenes
ist von dem Arbeiter, der nur Niedriges treibt, keine Hochherzigkeit zu
erwarten, nach Socrates ist die Muße die Schwester der Freiheit. —
Selbstverständlich müssen derartige Menschen aller politischen Rechte be=
raubt werden.

„Die Natur hat weder Schuhmacher noch Schneider gemacht," be=
hauptet Plato, „solche Beschäftigungen erniedrigen die Leute, welche sie
betreiben. Diese sind daher feile Miethlinge, Elende ohne Namen und
durch ihre Beschäftigung von den politischen Rechten ausgeschlossen."
Nach Xenophon „muß der Körper der Arbeiter durch die Härte der Ar=
beit mitgenommen werden; es ist aber schwer, daß der Geist von dieser
Wirkung frei bleibe; daher schließt man mit Recht diejenigen, welche sich
der Handarbeit widmen, von den Aemtern aus". „Eine gute Verfassung,"
sagt Aristoteles, „wird niemals Handwerker zum Bürgerrecht zulassen.
Die Eigenschaft eines Bürgers gehört nicht allein allen freien Männern,
schon aus dem Grunde, weil sie frei sind. Sie gehört bloß Jenen, die
nicht nothwendig arbeiten müssen, um zu leben, also Solchen, die sich
keiner Handwerksbeschäftigung zu widmen brauchen. Handwerksbeschäf=
tigungen aber nennt man alle diejenigen, welche unfähig sind, das Herz
und den Geist eines freien Mannes zu bilden, alle Berufsarten, welche
den Körper entstellen, oder gegen Lohn ausgeübt werden." —

„Was kann," frägt Cicero, „Ehrenhaftes aus einer Werkstätte
hervorgehen? Alle Arbeiter, von welchem Handwerke sie sein mögen,
bilden eine niedrige Klasse, die des Titels Bürger nicht würdig ist".
Und die große Masse des Volkes wird, in Asien früher und rascher, in
Europa später und erst nach hartnäckigen Kämpfen aller politischen
Rechte beraubt und zu Arbeitsthieren herabgedrückt, nur König und

Priester „ragen aus den nachtbedeckten Fluthen dieser unendlichen Mehrheit des Menschengeschlechtes hervor, wie einzelne Pfeiler, gleichsam um zu zeigen, wie dunkel jene Fluth, wie tief ihr Abgrund sei".

Der Fortschritt hat seinen Weg begonnen, indem er die Hälfte des Menschengeschlechtes der Menschenwürde beraubte und zu Lastthieren erniedrigte, und die so gewonnene Basis wird im Laufe der Entwickelung immer mehr erweitert, immer zahlreichere Menschenmassen jenen nachtbedeckten Fluthen zugeführt. —

Wohin wir auch blicken mögen, die Arbeit zeigt überall das Bestreben, die Gelüste der Großen und Mächtigen zu befriedigen, nirgends ist eine Spur von der Verbesserung der Lage des Volkes zu entdecken. Zu den frühesten Erfindungen gehört die der Purpurfarbe, die Gewänder der Könige sind vom feinsten Gewebe und mit den kunstvollsten Stickereien verziert, ihre Trinkbecher meisterhaft gearbeitet und aus den edelsten Metallen hergestellt, prachtvolle Paläste beherbergen die lebenden und ungeheure Pyramiden, das Werk der Arbeit von Millionen, die todten Fürsten. —

Wir haben die Familie verfolgt, wie sie sich zum Stamme entwickelte, wir haben gesehen, wie ihre Verfassung allmälig von der Dorfgenossenschaft verdrängt wurde. Nunmehr finden wir den Stamm zur Nation herangewachsen, die Dorfgenossenschaft in ein Kastenwesen mit despotischer Verfassung verwandelt. Der Ackerbau bedingte den Uebergang zum Stammesleben, durch Krieg und Unterwerfung wird die Nation gebildet. Die Mischung der Menschenracen erzeugt das Kastenwesen und dieses, unterstützt von der durch Priester verkündeten Religion, die Despotie. —

Die Eroberung Indiens änderte vor allem die politische Verfassung. Ein Eroberungszug kann nicht von einer „debattirenden Versammlung" wie Macaulay sagt, geleitet werden, der Krieg erfordert einen Herrscher. In Asien und Europa tauchen Könige als Führer der einzelnen Arierstämme auf. —

Die Befugnisse der königlichen Gewalt sind aber andere in Europa und andere in Asien. Die nach Europa eindringenden Arier sind vorwiegend Nomadenvölker, sie werden daher die Urbevölkerung, auf die sie stoßen, vernichten oder absorbiren, aber sie können sie nicht zu Lastthieren verwandeln, aus dem einfachen Grunde, weil sie für solche keine Verwendung haben. In Europa verschwindet die mongolische Race spurlos. Die Sieger gründen aber keine festen Staaten, sie durchziehen den Erd-

theil von einem Ende zum andern, Krieg und Jagd ist ihre Lieblings=
beschäftigung. Es liegt kein Grund für sie vor, ihre aus der Heimath
mitgebrachte Verfassung zu ändern, diese Verfassung wird vielmehr
im Laufe der Jahrhunderte sich immer mehr einleben, zum Bestandtheile
ihres nationalen Lebens werden, sie wird späterhin, wenn aus diesen
Nomadenstämmen große und mächtige Völker geworden sein werden, bei
der Bildung der Staaten von maßgebendem Einflusse sein, aus der
Dorfgenossenschaft wird sich das Feudalwesen entwickeln.

Nach Indien kamen die Arier als Ackerbauer, angelockt von dem
Reichthum und der Fruchtbarkeit des Landes. Sie kennen bereits den
Werth der menschlichen Arbeitskraft und werden es vorziehen, die Ur=
bevölkerung zu Sklaven zu machen, statt sie zu vernichten. Die Unter=
werfung des Landes geht aber langsam vor sich, es wird ein Theil der
Bevölkerung, der physisch stärkere oder kriegerisch gesinnte, fortwährend
unter Waffen stehen, während der andere den friedlichen Arbeiten ob=
liegen wird. Damit ist die Theilung der gesammten Bevölkerung in
Klassen von selbst gegeben. Die scharfe Sonderung der unterjochten
Urbewohner von den Siegern, die diesbezüglich herrschenden grausamen
Gesetze, werden nicht ohne Einfluß bleiben auf die Beziehungen der
übrigen Bevölkerungsklassen zu einander, es bildet sich im Laufe der
Zeit das Kastenwesen heraus.

Bei zwei Völkern finden wir diese staatliche Gliederung, den
Hindus und den Egyptern, und bei beiden nimmt die Entwickelung die=
selbe Richtung, so daß die Annahme berechtigt erscheint, diese Entwicke=
lung sei eine nothwendige Folge des Kastenwesens.

Die Malereien der egyptischen Grabkammern stellen, wenn auch
unter den verschiedensten Formen, stets ein und dasselbe Bild dar: das
unter der Last der Arbeit erliegende Volk und die Lustbarkeiten und
Vergnügungen der Großen.

Das Volk arbeitet, die Kriegerkaste genießt das Leben in vollen
Zügen, der Priester herrscht. Keine Staatsaktion kann eingeleitet, keine
wichtigere Angelegenheit erledigt werden, wenn nicht die Götter früher
durch den Mund der Priester ihren Willen hierüber kundgegeben haben.
Der Priester Macht steht über der der Könige, deren Rathgeber und
Lenker sie sind.

Es giebt fünf Todsünden, die ein Hindu begehen kann, darunter
haben zwei Bezug auf die Person und das Vermögen eines Brahmanen.

„Wer einen Brahmanen tödtet, begeht eine Todsünde, desgleichen wer ihm sein Geld stiehlt (Vasishta I 19)".

„Was vier oder nur auch drei gelehrte Brahmanen erklären, ist heiliges Gesetz und nicht die Meinung von tausend Narren (Vasishta III 7)".

„Der Brahmane ist frei von allen Abgaben und Steuern (Apastamba II 10, 26)".

„Der König übt das Begnadigungsrecht nur im Einverständnisse mit den Bahmanen aus (Gautama XII 52)."

„Der Brahmane schlichtet die Streitfälle und verkündet das Urtheil gleich dem Könige; nur in Gegenwart der Götter, des Königs und der Brahmanen kann der Eid geleistet werden (Gautama XIII 13, 26)."

Durch Geburt ist der Brahmane mit fast göttlicher Würde bekleidet, er ist der Herr aller andern Klassen, durch eine unübersteigliche Scheidewand von diesen getrennt; um seine durch die härtesten Strafen geschützten Privilegien dreht sich wie um den Angelpunkt das ganze System. Der Brahmane hat das ausschließliche Recht, die heiligen Bücher zu lesen und sie zu erklären, Opfer und sonstige kirchliche Ceremonien zu verrichten, ein Eingriff in die Ausübung seines heiligen Berufes wird mit den grausamsten Strafen geahndet.

„Jeder Hindu ist verpflichtet, den vierten Theil seines Einkommens religiösen Zwecken zu widmen", wenn die Götter und die Priester befriedigt sind, erlangt der Spender die Vergebung seiner Sünden (A Digest of Hindoo Law by H. T. Colebrooke VI, VII). Das Vermögen der Brahmanen ist aber auch gegen die Habsucht der Könige geschützt. „Wenn ein Brahmane ohne Hinterlassung gesetzlicher Erben stirbt, so soll der König dessen etwaige Forderungen ins Wasser werfen (d. i. vernichten) bei Mitgliedern anderer Kasten ist der König unter ähnlichen Verhältnissen berechtigt, diese hinterlassenen Forderungen an sich zu ziehen."

„Selbst wenn der König aus Noth in Todesgefahr geräth, soll er keine Abgaben vom Brahmanen verlangen. Vielmehr ist es Pflicht des Königs dafür zu sorgen, daß der Brahmane ein standesgemäßes Auskommen habe; wie ein Vater seine eigenen Söhne beschützt, so soll der König den Brahamen nach allen Richtungen hin in Schutz nehmen (Colebrooke 231 und 232)." Dieses Kastenwesen nun, nach welchem der Brahmane durch Geburt der Gottheit näher steht als Andere, nach welchem es für die Mitglieder der einen Kaste Pflicht ist, die einer andern mit Verachtung und Unmenschlichkeit zu behandeln, wird von der Religion geheiligt, erhält gleichsam die göttliche Weihe.

Brahma erschuf aus seinem Haupte die Priesterkaste, aus seinen Armen die Kshatriyas (Krieger), aus den Schenkeln die Vaisyas und aus den Füßen Brahmas stammen die Sudras (Sklaven). Das Kastenwesen ist die gottgeheiligte Ordnung des Staates, die Auflehnung dagegen wäre eine Auflehnung gegen die Gottheit selbst. —

Die Priester aller Religionen haben es stets vortheilhaft gefunden, das Bestehende gut zu heißen. Es giebt keine Obrigkeit außer von Gott, die bestehenden sind von Gott eingerichtet, wer sich der Ordnung widersetzt, widersetzt sich der Anordnung Gottes — sagt Paulus den Römern, und das neue Testament spricht sich nirgends direkt für die Aufhebung des Sklavenwesens aus, sondern will, wie überhaupt alle Lebensverhältnisse, auch dieses heiligen. —

Damit aber dieses Staatswesen frei bleibe von auswärtigen Einflüssen, wird insbesondere der Handel als eine entehrende Beschäftigung und folgerichtig auch der Wucher als eines der schwersten Verbrechen erklärt.

„Brahma legte auf eine Wagschale das Verbrechen, begangen durch den Mord eines Brahmanen, auf die andere das Verbrechen, begangen durch Wucher: der Mörder des Brahmanen schnellte in die Höhe, der Wucherer sank in die Tiefe (Vasishta II. 41 und 42)."

Nach Aristoteles ist das Geld von Natur unfruchtbar, darum sei es widersinnig, einen Nutzen davon zu erwarten.

Plato erklärt den Krämerhandel für eine Entehrung des freien Bürgers, und bei den Böotiern wurden diejenigen, welche sich mit dem Handel befleckt hatten, auf zehn Jahre von allen Staatsämtern ausgeschlossen. —

Dieselbe Anschauung herrschte auch bei den Römern vor, eine Ausnahme wurde nur mit Rücksicht auf den Großhandel zugelassen. Mercatura autem, si tenuis est, sordida putanda est; sinautem magna et copiosa non est admodum vituperanda (Cicero: Deoff. II. 42) und Cato äußert sich, maioresita inlegibus posuerunt, furem dupli, foeneratorem quadrupli condemnari. —

Das Christenthum erklärt die Zinsen als unvereinbar mit den Geboten der Nächstenliebe: mutuum date nihil inde sperantes. Thomas von Aquino lehrt „der auswärtige Handel verderbe die Sitten, der innere mache gewinnsüchtig. Da das Streben der Kaufleute auf Gewinn abzielt, so wird dem Betrug Thür und Thor geöffnet, so daß Jeder ohne Rücksicht auf die öffentliche Wohlfahrt nur seinem Privatvortheile fröhnt und so das Streben, nach Tugend fehlt. Auch mache der Handel weichlich und zum Kriege untauglich. Nach Cibrario Economica Politica del Medio Evo Vol. II p. 52, wurde ein Ketzer Namens Bech, der zu Piemont 1388 verbrannt wurde, unter anderem beschuldigt, behauptet zu haben, „das Blutschande und Wucher keine Sünden seien".

Selbst unsere Zeit glaubt der Wuchergesetze nicht entbehren zu können. Aber nicht nur der Handel, auch das Handwerk steht in Mißachtung; im Laufe der Zeiten wälzt der Hindu die Last aller körperlichen Anstrengungen dem schwachen Geschlecht zu. Unter der Herrschaft des Brahmanenthums geht die freie Stellung der Frauen verloren.

„Wenn die Frau eines Hirten, Weinhändlers, Gauklers, Wäschers oder Jägers eine Schuld kontrahirt, so soll der Ehemann diese bezahlen, denn sein Unterhalt hängt größtentheils von der Arbeit seiner Frau ab (Colebrooke 216°." Damit aber der Hindu doch eine Beschäftigung habe, ordnet das Gesetz an, daß südlich von jeder Stadt in einer kleinen Entfernung ein Gemeindehaus errichtet werde. Dieses müsse von der nördlichen und südlichen Seite je ein Thor haben, so daß der Ein- und Ausblick frei bleibe. In der Mitte dieses Gemeindehauses soll ein Spieltisch errichtet, und so viele Würfelspiele, aus Holz geschnitzt, darauf gelegt werden, für wie viele ein Bedürfniß sich zeigen würde (Apastampa II 10, 25'. Neben dem Würfelspiele scheinen die Hindus dem Trunke ergeben gewesen zu sein, und muß diese Leidenschaft den Bestand des Staates gefährdet haben, da es späterhin zur Todsünde erklärt wurde, Sûra ein berauschendes Getränk zu trinken. Involvirt nun nach all dem Gesagten die Entwickelung, welche sich uns in dem Leben der Arier, seitdem diese ihren Stammsitz verlassen, darstellt, einen Fortschritt?

Nach Herbert Spencers Theorie (Progress: Its Law and Cause) besteht der Fortschritt in dem Uebergange vom Gleichartigen zum Ungleichartigen, vom Einfachen zum Zusammengesetzten, vom Homogenen zum Heterogenen. Nach dieser Auffassung müssen wir allerdings in der neuen Gestaltung der Dinge einen wesentlichen Fortschritt erblicken gegenüber jenen so einfachen Lebensverhältnissen der Dorfgenossenschaft. Früher war alles Eigenthum gemeinschaftlich, jetzt hat sich das Sondereigenthum entwickelt; dieses Sondereigenthum läßt wieder verschiedene Abstufungen zu, indem die Einen mehr die Andern weniger davon eignen;

wir stehen somit dem Uebergange vom Homogenen zum Heterogenen also dem Fortschritte gegenüber.

Weiters war die Bevölkerung früher (abgesehen von wenigen nicht ins Gewicht fallenden Sklaven) eine gleichartige, die politischen Machtverhältnisse unter die einzelnen Familien gleichmäßig vertheilt; jetzt weiset die Bevölkerung vor Allem einen Raçenunterschied auf, überdies haben sich verschiedene Klassen gebildet, von denen manche arbeiten, andere für die Sicherheit des Staates sorgen und wieder andere herrschen, ferner hat sich die priesterliche Gewalt von der staatlichen abgesondert; — abermals ein Uebergang vom Einfachen zum Zusammengesetzten, vom Gleichartigen zum Ungleichartigen, ein nicht anzuweifelnder Fortschritt.

Schließlich hatten früher Jagd, Viehzucht und Ackerbau die Beschäftigung der gesammten Bevölkerung gebildet, während wir jetzt neben diesem die verschiedensten Gewerbe und wenn auch in beschränktem Maße, den Handel vorfinden, wiederum ein Uebergang vom Homogenen zum Heterogenen, also ein Fortschritt.

Ich werde an anderer Stelle Gelegenheit haben, mich mit dieser Fortschrittstheorie des englischen Philosophen eingehend zu befassen, hier dürfte genügen zu bemerken, daß in einer Eigenthumsvertheilung, wonach die Einen viel, die Andern wenig oder gar nichts haben, kein Fortschritt erblickt werden kann, gegenüber jener gleichartigen Vertheilung, wie sie beim gemeinschaftlichen Eigenthum selbstverständlich ist. Wenn statt der freien Verfassung der Dorfgenossenschaft nunmehr eine Priesterkaste die unumschränkteste Herrschaft ausübt, ihre Privilegien durch unmenschliche Gesetze wider jede Verletzung schützt und überhaupt als Hauptzweck aller Gesetzgebung die Befestigung und Ausdehnung ihrer eigenen Macht betrachtet: so kann auch von einem Fortschritte auf politischem Gebiete keine Rede sein. Und ist es Fortschritt zu nennen, wenn die große Majorität des Volkes ihre einzige Lebensaufgabe nur darin sucht und findet, für die Mächtigen des Landes zu arbeiten und zu schaffen, während Elend, Entbehrung und Hunger ihr Loos bilden? Ist es Fortschritt zu nennen wenn die Frau, früher die Gefährtin des Mannes, die Leiterin des Hauswesens, jetzt zum Arbeitsthier erniedrigt erscheint? Das Kastenwesen und die durch dasselbe bedingte despotische Regierungsform haben ein freies, für alles Schöne und Große empfängliches Volk in einen Haufen empfindungsloser Sklaven verwandelt.

Erhaben über all' dieses Elend thronet der Priester; er hat kein

Verständniß für die Leiden seiner Mitmenschen; dem Kampfe, der Arbeit, der Sorge entrückt, wendet er sich der Welt des Geistes und der Ruhe zu und sucht das Räthsel zu lösen, das noch Keiner gelöst hat, und Keiner lösen wird.

IV.

Als St. Paulinus, so erzählt die Sage nach Northumbrien kam, und das Christenthum predigte, versammelte König Eadwine, der wünschte, daß sein Volk den Gottesmann anhöre, die Thegns, und fragte sie, ob sie gewillt seien zu vernehmen, was der Heilige ihnen zu sagen habe. Und einer aus der Versammlung stand auf und sprach: „Gewiß, o König, laß uns vernehmen, was dieser Mann weiß, denn mir scheint, daß das Leben des Menschen dem Fluge des Sperlings gleicht durch das weite Gemach, in welchem du beim Male sitzest zur Winterszeit, während Schneestürme draußen toben. Durch die eine Thür kommt der Sperling und fliegt durch die andere davon und so lange er darinnen weilt, ist er vor dem Sturme geschützt; doch bald entschwindet er unserm Blicke, und taucht in das Dunkel, aus dem er gekommen. So kommt auch das Leben des Menschen nur für eine kurze Zeit, und wir können niemals erfahren, was es früher gewesen, oder was es später sein wird."

Ein Vater, so erzählen die heiligen Bücher des Ostens, befiehlt seinem weltgesinnten Sohne, die Frucht des großen Banyanbaumes zu öffnen. „Was siehst du?" „Einige winzige Samenkörner," antwortete der Sohn. „Oeffne eines derselben, und sage mir, was du darin erblickest." „Nichts, mein Vater," antwortete der Sohn." „Mein Kind," entgegnete der Vater, „wo du nichts siehst, da ruht ein mächtiger Banyanbaum." Woher es kommt, daß aus dem winzigen Samenkorn der mächtige Banyanbaum heranwächst, und was aus dem Leben wird, wenn es den Körper verlassen, diese ewigen Geheimnisse der Natur werden das Nachdenken beschäftigt haben, sobald der Mensch zum Menschen, d. i. zum denkenden Wesen geworden war. Der gegen die Vernichtung sich sträubende Selbsterhaltungstrieb wird, angeregt durch das Traumleben, die Existenz des Menschenlebens über den Tod hinaus verlängern, er wird dasjenige, was hier seinen Sinnen auf räthselhafte Weise entschwindet, dort wieder zu finden glaubn, wo er die ewigen, unabänderlich waltenden Kräfte der Natur wahrnimmt, in dem all umfassenden Himmelsgewölbe.

„Die Religion entspringt dem Egoismus des Menschen, der Glaube an die Fortdauer nach dem Tode ist ein eudämonistisch begründeter."

Mitten in dem steten Wechsel aller Dinge, die kaum entstanden, schon dem Verderben entgegeneilen, wird der Mensch nach einem festen Punkte suchen, an den er sein Geschick knüpfen, auf den er seine Hoffnungen stützen kann. Von Allem, was seinen Sinnen wahrnehmbar ist, werden es die in der Natur waltenden Kräfte sein, die, ewig denselben Gesetzen folgend, ewig denselben Anblick bietend, als die einzig unveränderlichen in dieser Welt der Veränderlichkeit ihm erscheinen werden. Der Mensch kann dem Einflusse der Naturkräfte sich nicht entziehen, er fühlt, wie sein ganzes Leben, sein ganzes Dasein, vom Wirken derselben abhängig ist, er sieht sich von diesen Mächten überall umgeben, und ob sie ihm heilsam sind, oder voll Zornes ihn vernichten, er kann ihnen nicht entrinnen, er ist in ihrem Banne gefesselt. Und da er gewohnt ist, überall, wo er Kraft und Bewegung sieht, auch Leben und Willen vorauszusetzen, so wird er bald auf diese Naturkräfte, als auf Wesen höherer Art blicken, von denen seine eigene Existenz abhängig ist, und mit denen er voller Hoffnung seine Existenz auch verbindet.

Die Anbetung der Naturkräfte, wie sie die Hymnen der Rig-Veda bekunden, ist daher keineswegs als eine Verehrung todter Kräfte aufzufassen, hinter all dieser Schilderung der Naturerscheinungen, so sinnlich auch die Ausdrucksweise sein mag, liegt verschleiert und doch fühlbar jenes unbestimmte Etwas, dem der menschliche Geist im Gefühle seiner eigenen Vergänglichkeit sehnsuchtsvoll entgegenstrebt. Die Ansicht, welcher Max Müller in seinem Essay über vergleichende Mythologie Ausdruck giebt, daß nämlich die Personifizirung und Deifizirung der Naturkräfte als eine Folge der unwiderstehlichen Gewalt der Sprache anzusehen ist, erscheint daher nicht begründet. „Wenn wir wissen wollen," sagt Max Müller in dem citirten Essay, „wohin der menschliche Geist, obwohl mit dem innern Gottbewußtsein von Natur aus begabt, durch die unwiderstehliche Gewalt der Sprache, wenn diese übernatürlichen und abstrakten Ideen angepaßt wird, nothwendig und unausweichlich getrieben wird, dann müssen wir die Veda lesen; wenn wir den Hindus sagen wollen, was sie anbeten, — einfache Namen der Naturerscheinungen, welche stufenweise unkenntlich gemacht, personifizirt und deifizirt worden sind, — dann müssen wir sie die Veda lesen lassen. . . . Ihre Götter haben keinen größern Anspruch auf wirkliche Existenz, als Eos, Hemera, Nyx oder Apate haben. Sie sind Masken ohne Schauspieler; Geschöpfe des Menschen, nicht seine Schöpfer; sie sind nomina, nicht numina: wesenlose Namen, nicht namenlose Wesen."

Für ebenso unbegründet halte ich die Anschauung, daß alle primitiven Religionen aus der Vergötterung wirklich existirender Menschen entstanden sind. Denn die Vergötterung des Menschen setzt den Begriff der Gottheit als schon bestehend voraus, der Sonnengott muß als solcher existirt haben, wenn dankbare Geschlechter ihn als ihren Ahnen reklamirten. —

Daß die Götter der Naturreligion keine „wesenlose Namen" und keine deifizirten Menschen sind, beweiset der Umstand, daß die einzelnen Naturkräfte nur allmählich dem ursprünglich alle umfassenden Himmelsgotte Dyaus entsteigen, d. h. daß sie Gegenstand der Anbetung des Menschen nur insofern werden, inwiefern der Mensch ihren Einfluß auf sein Geschick zu beurtheilen Gelegenheit gehabt hat, und daß nach Maßgabe dieses Einflusses die größere oder geringere Macht des betreffenden Gottes in den Hymnen gepriesen wird.

Wir haben gesehen, wie im Laufe der Zeit der Sonnengott sich den ersten Rang unter den Göttern errungen. Ihm sind in der Rig-Veda die meisten Hymnen gewidmet, und wenn auch die einzelnen Phasen, welche die Sonne in ihrem Laufe zurücklegt, unter verschiedenen Namen besungen werden, Indra, Mitra, Varuna (auch mit dem Himmelsgewölbe οὐρανός identifizirt), Agni, Ushas — in allen wird nur der Sonnengott, dessen Macht kein menschliches Auge ertragen kann, verherrlicht.

„Der gleich nach der Geburt der erste der Götter wird, der durch seine Thaten den Göttern Ehre gebracht, vor dessen Macht Himmel und Erde zittern, der erkannt wird an seiner Stärke: er, o Männer, ist Indra."

„Der die irrende Erde befestigte und das weite Firmament ausspannte: er, o Männer, ist Indra."

„Der Vritra besiegte und die sieben Flüsse befreite; der die Kühe wieder erlangte, der in den Wolken das Feuer entzündete, der unbesiegbar ist im Kampfe: er, o Männer, ist Indra."

„Vor dem Himmel und Erde sich beugen, vor dessen Macht die Berge erblassen, der den Somasaft trinkt, der den Donnerkeil schleudert: er, o Männer, ist Indra."

Die Macht Varuna's wird nachstehend besungen:

„Der Herr der Wellen sieht Alles, wie wenn er nahe wäre. Wenn der Mensch glaubt, er wandle unbeobachtet, die Götter wissen Alles."

„Ob der Mensch stille steht, sich bewegt oder verbirgt, ob er zur Ruhe geht oder sich erhebt, wenn Zwei zusammensitzend einander zuflüstern: König Varuna weiß es, er ist unter ihnen der Dritte."

„Die Erde gehört dem König Varuna wie nicht minder der weite Himmel. Die zwei Seen (Himmel und Ocean) sind Varuna's Lenden, er wohnt aber auch im Tropfen Wassers."

„Und wenn Jemand über die Grenzen des Himmels hinaus sich flüchten wollte, auch dort fände er König Varuna. Seine Kundschafter kommen vom Himmel zur Erde, mit tausend Augen überwachen sie die Erde."

An Varuna, als Gott der Gnade, ist nachstehende Hymne gerichtet:

„Lasse mich, o Varuna, noch nicht betreten das Haus von Staub; hab' Erbarmen, Allmächtiger, hab' Erbarmen!"

„Wenn ich zitternd einherwandle, wie die Wolken vom Winde getrieben; hab' Erbarmen, Allmächtiger, hab' Erbarmen!"

„Aus Schwäche, du mächtiger und herrlicher Gott, habe ich geirrt; hab' Erbarmen, o Allmächtiger, hab' Erbarmen!"

„Wenn wir, o Varuna, gegen die himmlischen Heerschaaren fehlen, wenn wir aus Unbedachtsamkeit dein Gebot brechen, strafe uns nicht, o Gott, für diese Sünde; hab' Erbarmen, Allmächtiger, hab' Erbarmen."

Einige Verse aus der Hymne, unter deren Gesang der Todte beerdigt wurde, mögen den kindlich innigen Ton kennzeichnen, in dem die Arier ihre Götter anflehten:

„Nun nahst du dich dem Schooß der Mutter Erde,
Der weitgedehnten, ewig milden Erde!
Der zarten Jungfrau gleich, sanft wie Wolle
Mög sie beschützen dich vor der Vernichtung Busen."

„Oeffne, o Erde, dich, sei keine Last ihm,
Sei leicht zugänglich seinem Nahen,
Wie die Mutter mit ihrem Gewande das Kind
So umhülle auch du ihn, o Erde!"

Der Kampf des Sonnengottes mit den ihn umhüllenden Wolken giebt Anlaß zu einem ganzen Mythencyklus, den wir bei allen arischen Völkern vorfinden. Die Kuh war dem Arier, was das Kameel dem Araber ist, der Büffel dem Indianer — sein ganzer Reichthum. Die Kuh war das Symbol der Fruchtbarkeit, wie der Stier das der Stärke.

Wer dem Arier die Kuh entwendet, ist sein Feind; wer sie ihm zurückstellt, sein Wohlthäter.

Als er sich dem Ackerbau zugewendet hatte, und die Sonne sein Hauptgott geworden war, da waren die lichten Himmelswolken die Kühe, die ihm ihre Milch, den Regen, spendeten. Aber die bösen Panis (Nebel) stahlen die Kühe und verbargen sie in einer Höhle. Indra schickt seinen Hund Sarama (Morgenröthe) aus und dieser findet sie. Nach einer Sage wird Sarama von den Panis mit einer Schale Milch bestochen und meldet seinem Herrn, daß er die Kühe nicht gefunden. Doch Indra entdeckt den Betrug, besiegt die Panis und erlangt, was ihm gestohlen, wieder. —

Alle diese Hauptzüge finden wir in der griechischen Sage wieder:
Te boves olim nisi reddidisses
Per dolum amotas, puerum minaci
Voce dum terret, viduus pharetra
Risit Apollo.

Hier ist Hermes (Wind) der Dieb. Als Gott kann er wohl nicht bestraft werden, er bezaubert Apollo mit seiner Lyra und erhält Verzeihung.

Am Himmelsgewölbe sind aber auch die dunklen Gewitterwolken, in denen der freche Räuber sich aufhält, der die Kühe gestohlen und das Licht und den Regen von den Kindern der Erde fernhält. Da kommt, umgeben von den Sturmgöttern der feuersprühende Indra, der Herr des Himmels, der Stier aller Stiere, tödtet Vritra das Ungeheuer, das Licht bricht sich Bahn und der befruchtende Regen strömt hernieder. Bei den Römern ist es Hercules, der den dreiköpfigen Cacus (von Caecius der „Verdunkelnde"), den Räuber der Kühe besiegt; bei den Griechen Apollo, der den Sturmdrachen Python überwindet und Perseus der die Königstochter Andromeda aus den Krallen des Seeungethüms befreit; bei den nordischen Völkern ist es der Kampf Siegfrieds mit den Nibelungen und Sigurds mit dem Drachen Fafnir und in der christlichen Mythe der Sieg St. Georgs über den Drachen und die Befreiung der schönen Königstochter von Silene (Gibbon „Decline and Fall" voll III. c. XXIII. p. 171" will in Georg von Cappadocien einen betrügerischen Armeelieferanten erblicken, während der Franzose Ganneau diese Sage mit dem Kampfe der egyptischen Horus und Typhon in Verbindung bringt).

In Heracles, der in der Wiege die Schlangen (Morgenwolken) erdrückt, später die bekannten Arbeiten verrichtet (Sieg der Sonne über

Nebel und Wolken), der im Todeskampfe noch Lichas (Abendwolken) an den Felsen zerschmettert, dann ruhig auf dem Scheiterhaufen verscheidet, während der Glanz dieses Scheiterhaufens (Abendroth nach dem Untergang der Sonne) noch lange weithin sichtbar bleibt: ist der Sonnenmythus in allen Einzelheiten durchgeführt.

Der Kampf der Sonne mit den Wolken, des Lichtes mit der Finsterniß, oder dem Gesagten zufolge, der Kampf zwischen dem Wohlthäter und dem Feinde des Menschen wird von einem Zweige der Arierfamilie, der wie es scheint in Folge religiöser Zwistigkeiten, vom Hauptstamme sich getrennt und in Bactrien niedergelassen hatte, zu einem System entwickelt, welchem die Grundprinzipien der jüdischen und mit dieser der christlichen Religion entlehnt sind. Die Idee des Teufels ist den primitiven Religionen ganz fremd, Gut und Uebel ist das Werk vollkommen gleichgestellter Gottheiten. So ist Jehovah der Urheber beider, die Engel, ob sie nun Gutes oder Böses bringen, sind seine Gesandten; so theilt auch Zeus aus den beiden Urnen die vor seinem Throne stehen Gutes und Böses, meistens beide zusammen aus (Ilias XXIV. 663 u. f.).

Der Mensch wendet sich nun bald an die eine bald an die andere Gottheit, je nach Bedürfniß, jedoch ohne die Absicht, dadurch die andern Götter zu verletzen oder gar auszuschließen. Aus dem Polytheismus entwickelt sich der Henotheismus. Dies führt aber bald zur strengern Sonderung der guten von den bösen Gottheiten. Die erstern werden in den Vedas als Deva (Glänzende), letztere als Ahura (Herr) angerufen, während früher beide Bezeichnungen der Gottheit ohne Unterschied beigelegt worden waren.

Es ist nun eine allgemein zu Tage tretende Erscheinung, daß jede neue Religion die Gottheiten der frühern als Dämonen auffaßt, wie beispielsweise die heidnischen Götter von den Kirchenvätern als böse Geister erklärt worden sind. In der Religion der Bactrer werden die Devas zu Ahuras und die Ahuras zu Devas d. h. unter Ahura wird das Prinzip des Guten und unter Deva das Prinzip des Bösen verstanden, es tritt eine Aenderung in der Nomenclatur ein, das Wesentliche aber bleibt unberührt. Der Henotheismus der Arier gestaltet sich nach der Lehre Zarathustras (Zoroaster) formell zum Dualismus in der Wirklichkeit aber zum reinen Monotheismus.

Wie am Himmel das Licht mit der Finsterniß kämpft, so kämpft auch überall auf Erden das Gute mit dem Bösen. Die eine Pflanze giebt uns Nahrung, die andere Gift; das eine Thier giebt die erquickende Milch oder hilft uns bei der Arbeit, das andere ist unser natürlicher Feind. Wachsthum, Leben, Gedeihen werden gefördert oder gehemmt je nach den Verhältnissen, je nachdem Licht oder Finsterniß, Feuchtigkeit oder Dürre, Hitze oder Kälte vorherrscht. Ahura — Mazda (Ormuzd) ist das Prinzip des Guten, der „große Geist" — Angra-Mainyus das Prinzip des Bösen, der „sündige Geist" (Ahriman).

Ormuzd erschafft den Himmel, dann die Gewässer, dann die Erde, dann die Pflanzen, dann die Thiere und zuletzt den Menschen. Doch Ahriman kommt als mächtige Schlange und bringt mit sich den tödtlichen Frost, schädliche Insekten, giftige Pflanzen und das Aergste von allem, den „Fluch des Unglaubens". Der Kampf zwischen Ormuzd und Ahriman und den Anhängern derselben, den guten und bösen Geistern, den guten und bösen Menschen, wird bis ans Ende der Welt dauern, bis der jüngste Sohn Zoroasters, der Messias, geboren wird. Dann wird Ahriman endgültig vernichtet, die Erde umgestaltet, und alle Anhänger Ormuzds werden zu neuem ewigem Leben erwachen.

Diese Lehren brachten die Juden, welche, wie die Propheten sagen, früher vielen Göttern gedient hatten und deshalb in die Verbannung geschickt worden waren, aus der babylonischen Gefangenschaft in Ihre Heimath mit und die Lehre von dem Reich Gottes auf Erden, von der Auferstehung der Todten, und Satan dem jüdischen Ahriman, fanden Eingang in das Christenthum, welches auf dem von den Juden seit der Zeit ihrer Gefangenschaft gehegten Messiasglauben beruht.

Daß die Schöpfungsgeschichte der Bibel, die Geschichte vom Sündenfall und der größte Theil der Speisegesetze derselben Quelle entstammen, dürfte bekannt sein. Zoroasters Ahriman hat aber mehr Unheil gestiftet als sein Ormuzd je Gutes bewirken konnte. Die Juden begnügten sich mit der Uebernahme dieses Fürsten der Hölle nicht, mit ihm nahmen sie auch die Schaar seiner Anhänger in Empfang, und diese Schaar der bösen Geister wurde nach Einführung des Christenthums durch alle Dämonen der Heiden noch vermehrt. Von nun an wimmelte es überall von bösen Geistern, Zauberern, Hexen und sonstigen Anhängern Ahrimans. Das Gebot Ormuzds, diese Feinde zu vernichten, wurde eifrigst ausgeführt, und nicht weniger als neun Millionen Menschen, größtentheils arme, alte Weiber fielen diesem Aberglauben zum Opfer.

Wie mächtig dieser Aberglaube die Gemüther beherrscht haben

mußte, beweisen die zahlreichen päpstlichen Bullen, die unzähligen Gesetze der weltlichen Macht, welche alle mit Zauberern und Hexen sich befassen, beweist der Umstand, daß selbst ein Luther ihm ergeben war und beweiset insbesondere eine ganze Literatur, die als ihr ausschließliches Objekt den Teufel behandelt. Es konnten nicht genug Materialien zur Feststellung der Genealogie des Teufels zusammengescharrt werden, und bald erfreute sich der Urfeind der Menschheit einer Mutter und Großmutter. Die Theorie vom Sturze aus dem Himmel dichtete ihm einen lahmen Fuß an, der indische Britra gab ihm seine Düsterheit und schwarze Farbe, der griechische Satyr versah ihn mit den Hörnern, dem Bockfuß und dem Schweif und die Zwerge und Kobolde verliehen ihm den rothen Mantel und die nickende Feder.

In Indien nahm der Henotheismus eine andere Entwicklung. Fünfhundert Jahre v. Chr. d. i. zur Zeit des Euripides hatten die Griechen die Identität ihrer Götter mit Himmel und Sonne festgestellt, trotzdem die Bedeutung der Mythen, die sie aus dem Arierlande mit sich gebracht hatten, im Laufe der Zeit in Vergessenheit gerathen war. Für die Griechen war nunmehr die Geburt der Göttin Athene aus dem Haupte Zeus eine schöne lehrreiche Fabel, aber vergebens versuchten sie zu erklären, woher es komme, daß neben den Charitinnen auch die Erinnyen als weibliche Gottheiten gedacht wurden. Die Stammesgenossen in Indien waren der Ursprache treu geblieben, in welcher ihre heiligen Hymnen gedichtet waren. Während die Griechen den Namen ihres Hauptgottes Zeus von der Wurzel zeu „leben" ableiteten, wußten die Brahmanen, daß dyaus der Himmel und Ataná die Morgenröthe ist und daß wenn bei ihnen eine ähnliche Fabel bestand, diese nichts anderes bedeute, als daß die Morgenröthe aus der Stirne des Himmels, im Osten, entspringt; für sie waren die Charitinnen Harits, Sonnenstrahlen, und die Erinnyen noch die Saranyú, das Licht des Morgenroths, welches alle Verbrechen aus Tageslicht bringt.

Sobald einmal die Ueberzeugung sich Bahn gebrochen hatte, daß Sonne, Mond und Sterne und die bisher als Götter verehrten Naturerscheinungen in der Natur wirkende Kräfte, also Kräfte ohne Leben und ohne Selbstbewußtsein seien, war auch das Urtheil über alle diese Götter gefällt, Indra, Nitra, Varuna, Agni und Ushas mußten ihren erhabenen Thron verlassen.

Die Eroberer Indiens kamen mit den Semiten in Berührung, deren astronomische Kenntnisse, die aller andern Völker weit überragten, und von dieser Zeit an vollzieht sich auch der Umschwung in den religiösen Anschauungen der Hindus.

Vergegenwärtigen wir uns die Stimmung eines Volkes, oder doch des denkenden Theiles dieses Volkes, dem alles was bisher für groß und heilig gegolten, zusammenstürzt. Der Gott, zu dem der Mensch gebetet, auf den er als auf seine Stütze im Unglück, seinen Trost im Ungemach voller Hoffnung geblickt hatte, der für ihn in dieser Welt des Wechsels, der Veränderlichkeit und Unbeständigkeit der feste Punkt gewesen, an den sich seine Sehnsucht nach einem bessern Leben anklammerte, der ihm Gewähr gewesen für seine Unsterblichkeit, der die Geister seiner Ahnen zu sich versammelt hatte, der Gott, den diese Ahnen anzubeten ihn gelehrt, der Gott seiner Väter, war nichts als leerer Wahn.

Mit den Göttern schien alles zusammenzustürzen: „Unser Leben ist ein Tropfen, der auf dem Lotosblatte zittert und schnell verdunstet", „Die Welt ist wie der Stoff, aus dem die Träume gemacht sind", klagen die Dichter. Das Leben selbst wird zum Traum und alles, was die Sinne wahrnehmen, zur Illusion. „Illusion sind die acht großen Berge, und die sieben Seen, die Sonne und die Götter selbst, die über diese herrschen sollen, du und ich und das ganze Universum, welches die allbesiegende Zeit vernichten wird." Wenn die Welt nichts als ein Traum ist, so muß doch ein Träumer vorhanden sein, der diesen Traum träumt, der diese Welt geschaffen hat. Dieser Träumer ist Brahma, das wesenlose Eine, das Absolute.

„Atman (der Absolute), wohnt in allen lebenden Wesen, er ist eingehüllt in Stoff, unsterblich und makellos. Er ist der ewige Bestandtheil aller Creaturen, sein Wesen ist Weisheit, er ist unsterblich, unveränderlich, ohne Gliedmaßen, ohne Stimme, körperlos unendlich rein, er ist das All, er ist das höchste Ziel, er wohnt inmitten des Körpers."

„Er ist die Intelligenz selbst und zarter als der Faden der Lotusfiber, durchdringt er das Universum, unveränderlich und größer als die Erde enthält er das Universum, er ist verschieden vom Wissen dieser Welt, welche nur durch die Sinne wahrnehmbar und identisch ist mit ihren Objekten, er besitzt die höchste Form des absoluten Wissens. Aus ihm, der sich selbst theilt, entspringen alle Geschöpfe. Er ist die erste Ursache, er ist ewig, er ist unveränderlich (Apastamba 8, 22 u. 23)."

„(Gott Krishna sagte:) Erde, Wasser, Feuer, Luft, Raum, Geist, Verstand und Egoismus: in diese acht Bestandtheile ist meine Natur getheilt. Doch dies ist eine niedere Form meiner Natur. Wisse, daß es eine andere Form meiner Natur giebt, eine höhere als diese, welche belebt ist, und durch welche das Universum erhalten wird. Wisse, daß die Dinge diese zu ihrer Quelle haben. Ich bin der Erzeuger und der Zerstörer des ganzen Universums. Es giebt nichts Höheres, als ich bin; alles was ist, haftet mir an, wie die Perlen einer Schnur. Ich bin der Geschmack des Wassers, ich bin das Licht der Sonne und des Mondes. Ich bin „Om" der Vedas („Om" ist die ἀνάγκη der Griechen und das Fatum der Römer), der Laut im Raum und die Kraft im menschlichen Wesen, ich bin der duftende Geruch der Erde, der Glanz des Feuers, ich bin das Leben in allen Wesen, und die Buße der Büßenden. Wisse, daß ich der ewige Ursprung aller Wesen bin; ich bin die Unterscheidungs= kraft der Scharfsinnigen, der Ruhm der Glorreichen, ich bin die Stärke der Starken und ich bin die Liebe unter allen Wesen. Und alle Wesen von guter Beschaffenheit, und jene, deren Beschaffenheit Leidenschaft und Finsterniß ist, wisse, daß sie alle von mir stammen; nicht ich bin in ihnen, sondern jene sind in mir. Ich kenne die Dinge, die waren, die was sind und die sein werden."

„Ich bin die Wärme und ich entsende und hemme den Regen. Ich bin die Unsterblichkeit und auch der Tod; ich bin das was ist und das was nicht ist."

„Nicht die vielen Götter noch die großen Weisen kennen meinen Ursprung, denn ich bin der Ursprung der Götter und Weisen. Nur der= jenige der Sterblichen, der weiß, daß ich nicht geboren worden, daß ich ohne Anfang bin, der Herr der Welt, frei von Wahn, ist befreit von allen Sünden. Ich bin der Anfang, die Mitte und das Ende aller Dinge. Es giebt nichts Bewegliches oder Unbewegliches, das ohne mich existiren könnte (Bhagavad=gita VII, VIII, X)."

Was ist nun dieses körperlose, ewige, unveränderliche Absolute, dieses Eine, außer dem es kein Zweites giebt, neben dem alles, was zu existiren scheint, eben nur Schein ist?

Wenn wir von der Existenz eines individuellen Objektes — einer Pflanze, eines Thieres, eines menschlichen Wesens — sprechen, welches verschiedene Eigenschaften besitzt und welches fortwährender Veränderung unterliegt, so können wir unter dieser Existenz unmöglich alle diese äußeren Eigenschaften, wie Form, Farbe, Geschmack u. s. w. verstehen, denn diese Aeußerlichkeiten unterliegen einem beständigen Wechsel, sie sind nicht dieselben in zwei aufeinanderfolgenden Momenten. Wenn wir aber trotzdem von diesem Objekte sagen, es ist dieselbe Pflanze, dasselbe **Thier**, dasselbe menschliche Wesen, welches wir vor einem Monate gesehen, so muß hinter und in all' diesem äußern Wechsel eine unbekannte, unsichtbare Substanz sein, ein Etwas, welches constant bleibt inmitten dieser Veränderung und welches uns berechtigt, das Objekt, welches nicht mehr dasselbe ist, wie es vor einem Monate gewesen, doch als dasselbe Objekt zu bezeichnen, das wir vor einem Monate gesehen haben.

Dieses unbestimmte Etwas, das man nur ahnen aber nicht wahrnehmen kann, das „zarter als der Faden der Lotusfiber das Universum durchdringt", „dem alles, wie die Perlen einer Schnur, anhaftet", — „dieses ewige, unveränderliche, körperlose und unendlich reine Etwas" ist Brahma.

Das dieser Weltanschauung entsprechende moralische und religiöse Leben konnte eine zweifache Richtung nehmen.

Da die sichtbare Welt nichts als Illusion und Täuschung ist, so ist der einzige Weg, uns über diese Illusion zu erheben, in der Emanzipation unserer selbst von der Herrschaft dieses Wahnes gelegen. Dieses kann aber nur erfolgen, wenn wir uns von dieser Scheinwelt ganz in uns zurückziehen, wenn wir alle unsere natürlichen Wünsche und Gelüste, da sie nichts als Illusion erstreben, unterdrücken, wenn diese ganze äußere Welt aufhört für uns zu existiren.

Und da die Gottheit eine abstracte Substanz ist, ein unbekanntes Etwas, das wir nicht sehen, nicht denken und nicht benennen können, so wird die Vereinigung mit diesem Unbekannten nur dadurch ermöglicht, daß auch wir alles positive Denken und alles persönliche Selbstbewußtsein aufgeben.

Diese Schlußfolgerung hat Buddha gezogen. Wird jedoch das Hauptgewicht nicht auf die sichtbare Welt, die nur Schein ist, sondern auf das hinter dieser versteckte Absolute gelegt, so ist eine andere Schlußfolgerung möglich. So wie die Substanz, welche die Existenz der Pflanze, des Thieres, des menschlichen Wesens ausmacht, dieselbe sein muß in jedem einzelnen Bestandtheile, in jedem Körpertheilchen dieser Pflanze, dieses Thieres oder dieses menschlichen Wesens, so muß auch jene die ganze sichtbare Welt durchdringende Substanz dieselbe sein in allen einzelnen Bestandtheilen dieser Welt, in den niedrigsten, wie in den erhabensten, im Stoff wie in der Kraft. Alles ist von der Gottheit durchdrungen, die ganze Welt „gottberauscht". Es ist dies die pantheistische Weltauffassung des Brahmanismus, bevor Buddha seine Nirvana auf den Thron Brahma's erhoben hatte.

Daß diese Weltanschauung, die in einem gewissen Widerspruche zu der Voraussetzung einer unveränderlichen und körperlosen Substanz steht, zeitlich vor der Buddha's sich entwickelt hat, und daß sie überhaupt trotz dieses innern Widerspruches sich entwickeln konnte, findet seine Erklärung einerseits in dem menschlichen Verlangen nach einer Gottheit, auch wenn diese noch so verwandt mit dem Nichts wäre, anderseits in den eigenthümlichen Verhältnissen Indiens, wie wir sie im vorigen Kapitel geschildert haben. Das Volk im alten Aberglauben zu belassen, war gefährlich, früher oder später mußte die Wahrheit doch zum Durchbruch gelangen, und konnte dies auf eine den Brahmanen unliebsame Weise erfolgen. Aber ebenso gefährlich war es dem Volke zu sagen, daß die Götter, die es bis jetzt angebetet, nicht existiren, daß es überhaupt keine Götter gebe, daß Alles nur Schein und Trug sei. Es mußte also ein Mittelweg gefunden werden, der die neuentdeckte Wahrheit mit der alten Religion verbinden, und das, was der Vergangenheit angehörte, sanctioniren könnte, ohne gegen die neuen Ideen zu verstoßen.

Dieses Verbindungsmittel fanden die Brahmanen im Pantheismus.

„Da Brahma Alles durchdringt, Alles göttlich macht, so durchdringt er auch die bisher für selbstständige Götter gehaltenen Naturkräfte, welche mithin göttliche Wesen bleiben nach wie vor, und nach wie vor unsere Anbetung verdienen. Brahma ist es aber, der die ganze sichtbare Welt, also auch alle diese Götter erschaffen hat. Brahma ist derjenige, dem unsere Anbetung vor allen andern Göttern zukommt." So ungefähr dürfte die neue Lehre verkündet worden sein. Die Folge dieser Lehre war, daß, wenn auch die alten Götter eine untergeordnete Rolle spielten, der alte Gottesdienst mit seinem geheimnißvollen Rituale bestehen blieb, und daß das Auftauchen immer neuer Gottheiten nicht ausgeschlossen war, wodurch wiederum die Macht der Priesterkaste, der die Verwaltung des göttlichen Gebietes ausschließlich oblag, wenn möglich nur noch verstärkt wurde.

Dem Reigen der Gottheiten der Vedas schließen sich auch bald Pflanzen, Thiere, Berge und Flüsse — der Indus, der Ganges, die Lotosblume — an. Der menschliche Geist, der sich im Bizarren gefällt, schien mit Vorliebe das Widernatürliche, das Unsymmetrische als Gegenstand der Verehrung sich auszuwählen, war ja Brahma überall derselbe!

Da die Welt, die Schöpfung Brahma's, der Ausfluß seiner Göttlichkeit ist, so ist Alles, also auch die staatliche Ordnung mit ihrem Kastenwesen, mit den bestehenden Vorrechten der einzelnen Klassen vor den übrigen, geheiligt. Deshalb hat auch Brahma die Priester aus seinem Haupte, die Krieger aus seinen Armen, Ackersleute und Handwerker aus seinen Lenden und die Sklaven aus seinen Füßen geschaffen. Und weil Alles heilig ist, sind auch die sinnlichen Triebe des Menschen geheiligt, die Befriedigung der ausschweifendsten Sinneslust erhält die Sanction der Religion. Das eiserne Joch des Kastenwesens drückt mit immer größerer Wucht auf die Massen, während Wollust und Schwelgerei die herrschenden Kasten immer mehr corrumpirten.

Gegen diese Welt voll Elend und Verderbtheit tritt ein junger Königssohn in die Schranken. Wie ein reinigendes Gewitter durchfliegen seine begeisterten Reden den asiatischen Continent bis an den äußersten Osten, und nach Ablauf von dritthalb tausend Jahren übertreffen die Bekenner dieser Lehre an Zahl die gesammte Bevölkerung Europas, und hat diese Lehre nichts von ihrer Jugendfrische und nichts von ihrem Werthe verloren.

Im sechsten Jahrhunderte vor Christi Geburt wurde dem Könige der Sâkya's, eines arischen Stammes in Centralasien, ein Sohn geboren, dem der hocherfreute Vater den Namen „Siddârtha", in dem die Wünsche erfüllt wurden", gab, und den spätere Generationen unter dem Namen „Buddha", oder eigentlich „der Buddha" (d. i. der Seher, der Wissende, vom Stamme „bud", „videre" o.ög. slav. wied) als die Incarnation Gottes, verehren sollten. In den heiligen Büchern wird er auch unter dem Familiennamen „Gautama" und „Sâkya-Muni", der Mönch aus dem Stamme der Sâkya's, angeführt. Als Knabe zeigte er ein ernstes, nachdenkendes Temperament, „er fühlte sich nie so glücklich, als wenn er in Gedanken vertieft unter dem dunkeln Schatten des Waldes einsam sitzen konnte," so daß sein Vater befürchtete, er könnte zum Träumer heranwachsen. Um ihn zum thätigen Leben heranzuziehen, wählte er für ihn eine holde Prinzessin zur Frau aus. Obwohl nun Buddha mit dieser ein glückliches Leben führte, so änderte er doch seine frühere Natur nicht, vielmehr pflegte er zu sagen: „Nichts auf Erden ist beständig, nichts wahr; das Leben ist vergänglich, wie der Funke des Feuers oder der Laut der Lyra." Es muß eine höchste Intelligenz geben, in der wir Ruhe finden können. Wenn ich zu dieser gelangen könnte, so könnte ich Licht bringen dem Menschengeschlechte, wäre ich erst selbst frei, so könnte ich die Welt befreien." Er begegnete einem alten, gebeugten Mann, dann einem Fieberkranken im Schlamme sich wälzend, und zuletzt erblickte er einen verwesenden Leichnam. Dies sagte ihm, was auch seiner warte, und vermehrte nur noch seine Düsterheit. Als er einmal des Nachts auf seinem Lager ruhte und eine Schaar der reizendsten Tänzerinnen vergebens es versuchte durch ihre Kunst ihn aufzuheitern, überfiel ihn ein tiefer Schlaf, und um ihn herum sanken auch die ermüdeten Tänzerinnen, von Schlaf überwältigt nieder. Um Mitternacht erwachte Gautama; er sieht die Tänzerinnen unruhig sich hin und her bewegend, offenen Mundes und in den verzerrtesten Stellungen herum liegen, und sein Prunkgemach scheint ihm angefüllt zu sein mit ekelhaften, schaudererregenden Wesen. In diesem Moment faßt er den Entschluß, seinen Palast zu verlassen, und während sein Diener das flinkeste Roß für ihn sattelt, begiebt er sich in das Schlafgemach seiner Frau, um noch einmal sein Kind zu sehen. Doch die schlafende Mutter verhüllte mit einer ihrer Hände das Gesicht des Kindes und der letzte Anblick des Liebsten, was er hatte, war ihm versagt. Die weitere Geschichte von Buddha's Lebenslauf, entkleidet von den vielen Fabeln und Ausschmückungen, wie sie die heiligen Bücher überliefern, ist die Geschichte einer nach geistiger Ruhe strebenden Seele, die Geschichte der verschiedenen Wege, die Buddha einschlug, um diese Ruhe zu erlangen, die Geschichte vom Mißlingen dieser Mittel, von dem endlichen Erfolg und von Buddha's Bestrebungen, die Wahrheit, die er unter so vielen Kämpfen sich errungen, auch den Andern mitzutheilen.

Er ging unter die Brahmanen, lebte ihr Leben, that, was sie ihn thun hießen, fand aber die ersehnte Ruhe nicht. Dann suchte er die Einsamkeit auf und verbrachte sechs Jahre in Selbstkasteiung. Auch dies hatte den erwünschten Erfolg nicht. Weder das philosophische Nachdenken, noch die strengste Kasteiung des Körpers waren geeignete Mittel, das Ziel zu erreichen, dem er nachstrebte. Als er einst, trüben Gedanken sich hingebend, unter einem Baume ruhte, kam es wie eine Erleuchtung über ihn, alle seine Zweifel schwanden, das Geheimniß seiner eigenen Befreiung und das der Regeneration der Welt war ihm offenbart. Dies war der Moment, wo Gautama zum Buddha wurde; der Platz, auf dem Buddha damals ruhte, ist der heiligste Ort der Buddhisten, „Bodhimanda, der Sitz der Intelligenz".

Von diesem Momente an ist das Leben Buddha's das eines Propheten, eines Verkünders einer neuen Lehre. Voll Mitgefühl für das Elend und die Unwissenheit seiner Mitmenschen und im Besitze der Wahrheit, von der er glaubte, daß sie die Welt erlösen könne, ging er voll feurigen Eifers an die Erfüllung seiner Mission der Liebe.

Sein Ruf verbreitete sich weit und breit. Sein Eifer, sein einfacher Lebenswandel, seine Freundlichkeit und Milde, seine Weisheit und Beredsamkeit und nicht im geringen Grade seine persönliche Würde und äußere Erscheinung verliehen der ernsten Lehre, die er verkündete, eine wunderbare Kraft und gewannen ihm die Menschenherzen, wohin immer er kam. Tausende drängten sich hinzu, um ihn zu hören, und wer ihn gehört, bekannte sich als seinen Anhänger. Selbst die gelehrtesten Brahmanen strömten ihm schaarenweise entgegen. Nach zwölf Jahren der Abwesenheit besuchte er seines Vaters Hof wieder, und sein Vater, sein Weib, sein Sohn, und alle Mitglieder seiner Familie wurden seine eifrigsten Jünger. Wir haben oben gesehen, auf welchen Prinzipien die buddhistische Lehre beruht, wir wollen hier nach den heiligen Büchern den Weg zeichnen, der zu Nirvana führt. Buddha stellt vier sogenannte erhabene Wahrheiten auf:

1. das Leben besteht aus Schmerz und Sorge,
2. die Ursache von Schmerz und Sorge ist das Verlangen,
3. in Nirvana hört jeder Schmerz und jede Sorge auf,
4. nur der richtige Weg führt zu Nirvana.

Dieser Weg weist wiederum vier Stufen auf:

Die erste Stufe betritt, wer da glaubt, daß alles Uebel in der abgesonderten Existenz (d. i. im Leben als abgesondert von Nirvana) beruht. Die zweite Stufe erreicht, wer außerdem frei ist von Sinneslust und vom Verlangen, seinen Mitmenschen zu schädigen. Derjenige hat die dritte Stufe betreten, der auch frei ist von allen bösen Gelüsten, welcher Art immer, von Unwissenheit, Zweifel, falschem Glauben und Haß. Die vierte und letzte Stufe hat erreicht, der von der Sünde ganz frei ist („der die Sünde weggeworfen hat, wie wenn sie eine Last wäre"), und von allen Leidenschaften, d. i. der Sinneslust, der Liebe zum Leben, dem falschen Glauben und der Unwissenheit. Nach alledem ließe sich der Gedankengang, der Buddha zu Nirvana geführt, etwa folgendermaßen darstellen:

„Wenn wir die Natur des Menschen einer näheren Prüfung unterziehen, so scheint das menschliche Elend nicht eine bloße Zufälligkeit zu sein, sondern bildet die wahre Essenz dieses Lebens. Unsere Sinne täuschen uns unser ganzes Leben hindurch, sie spiegeln uns eine Welt vor, die nicht ist, und nur zu sein scheint. Denn die Dinge, welche unseren Sinnen schmeicheln, sind nicht das, was sie uns zu sein scheinen. Die Welt ist nur eine Welt des Scheines, sie existirt eine kurze Weile

in uns und hört mit uns zu existiren auf. Unsere Begierden und Ge=
lüste foppen uns mit Versprechungen, die nie in Erfüllung gehen. Der
Sinnesgenuß ist bald gesättigt und läßt nur Ueberdruß zurück. Liebe,
Ehre, weltliche Auszeichnung und Erfolg, befriedigter Ehrgeiz und das
Vergnügen am Gewinn sind niemals das, was sie uns zu sein schienen.
Krankheit und die Furcht vor dem Tode vergiften jedes Vergnügen; der
Besitz nimmt ihm die Würze. Es ist nicht das Leben, sondern nur unsere
Gelüste, die uns an das Leben fesseln. Tödte also jedes Gelüste, ver=
nichte jedes Gefühl, ersticke jede Regung der Leidenschaft in deiner Brust,
höre auf nach Glück zu streben — dann gehört Nirvana dir — Wie
kommt es, diese Frage muß sich unwillkürlich Jedermann aufdrängen,
daß eine Lehre, welche das Dasein Gottes leugnet und dem Menschen
die Hoffnung auf Unsterblichkeit raubt, welche die Existenz als das größte
Unglück erklärt und die Liebe zum Leben auszurotten anempfiehlt, nach
welcher alles Glück auf Erden nur in der Unterdrückung der natürlichen
Gelüste und Gefühle, und das Ziel — der Himmel — dem der Mensch
zustreben soll, in der Vernichtung — Nirvana — besteht; wie kommt
es, daß diese Lehren solch wunderbaren Erfolg haben, daß Millionen
und Millionen von Menschen durch Tausende von Jahren die Befriedi=
gung ihres religiösen Bewußtseins in solcher Lehre suchen und finden
konnten?

Die Religion, die Buddha proklamirte, schmeichelte nicht den Leiden=
schaften und Vorurtheilen der Menschen, sie versprach ihren Bekennern
nicht Reichthum, Glück oder Ruhm hier auf Erden, noch Glückseligkeit
in einer andern Welt. Diese Religion setzte sich auch in Widerspruch zu
allen gesellschaftlichen und staatlichen Einrichtungen, wie sich diese im
Laufe von Jahrtausenden herausgebildet hatten, sie mußte die Feind=
schaft jener Klassen erregen, die alle geistige und weltliche Macht in sich
concentrirten, und hatte allem Anscheine nach auch nicht viel auf die
Massen zu zählen, welche gewohnt waren, das Bestehende als heilig zu
betrachten.

Die Antwort auf obige Frage muß vor Allem in jenen moralischen
Lehren gesucht werden, die Buddha aus seiner Weltauffassung gefolgert
hat. Es dürfte genügen, einige dieser Sätze aus der Dhammapada, „dem
Pfad zur Tugend", zu citiren.

„Weder Kasteiung, noch das Scheeren des Haares, noch ein rauhes
Gewand; weder Gaben, dargebracht den Priestern, noch Opfer den Göttern
gewidmet, können den Menschen von Illusion befreien."

„Nicht durch Geburt wird man zum Brahmanen, nicht durch Geburt zum Ausgestoßenen. Nur durch Handlungen wird man zum Brahmanen, nur durch Handlungen zum Ausgestoßenen."

„Ein anderer Weg führet zu Reichthümern, ein anderer zu Nirvana."

„Zorn, Trunkenheit, List, Neid — diese machen unrein, nicht das Fleisch, das man verzehrt."

„Wer nur dem Vergnügen nachgeht und seine Sinne nicht bemeistert, dessen wird sich Mâra, der Versucher, bemächtigen, wie der Wind einen schwachen Baum entwurzelt."

„Der Mensch spreche die Wahrheit, lasse sich vom Zorne nicht hinreißen, er gebe, wenn er darum gebeten wird, vom Wenigen, das er hat. Durch diese drei Dinge wird er in die Gegenwart der Götter gelangen."

„Nicht wer tausend Männer im Kampfe bewältigt, nur wer sich selbst überwindet, ist der größte Sieger."

„Es möge niemand die Sünde gering schätzen, bei sich denkend: „Sie kann nicht Besitz von mir nehmen."

„So lange die Sünde keine Früchte trägt, hält sie der Narr für Honig; wenn aber die Sünde heranreift, dann geht er in Sorgen unter."

„Der Narr, der seine Narrheit kennt, ist weise insofern. Ein Narr, der sich für weise hält, ist wahrlich ein Narr."

„Wenn du niemandem begegnest, der dir ähnlich, oder besser ist als du, so setze deine Reise einsam fort; ein Narr eignet sich nicht zum Gesellschafter."

„Niemals in dieser Welt wird Haß durch Haß überwunden; Haß wird nur durch Liebe bewältigt."

„Lasset uns glücklich leben, die nicht hassend, welche uns hassen."

„Wie die Biene den Honig sammelt, ohne die Blume zu beschädigen oder deren Farbe und Duft, so soll auch der Weise auf Erden weilen."

„Wie Blumen, farbenreich doch ohne Duft, sind die Worte desjenigen, der anders handelt als er spricht."

„Dem Zornigen begegne mit Freundlichkeit, dem Bösen vergelte Gutes, den Geizigen besiege durch eine Gabe, durch Wahrheit den Lügner."

Von den zehn Geboten Buddhas:
1. Nichts Lebendiges tödten.
2. Nicht stehlen.
3. Nicht Unzucht treiben.
4. Nicht lügen.

5. Nicht berauschende Getränke trinken.
6. Nicht zu unrichtiger Zeit essen.
7. An öffentlichen Unterhaltungen nicht Theil nehmen.
8. Keine reichen Gewänder tragen.
9. Nicht auf weichen Betten ruhen.
10. Nicht Gold oder Silber besitzen,

beziehen sich die ersten fünf auf Jedermann, die letzten jedoch nur auf die Frommen, die den Pfad zur Tugend betreten haben. Als „größter Segen" wird weiter erklärt: „Vater und Mutter zu unterstützen, Kinder und Gatten zu lieben, Almosen auszutheilen, Verwandten Hilfe zu gewähren, einen gesetzlichen Beruf zu verfolgen, gute Thaten zu üben, und zufrieden und nicht übermüthig zu sein."

Nach der Lehre der Brahmanen ist alles, weil es ist, gut und richtig; nach Buddha ist alles, weil es nur zu sein scheint, Trug und Täuschung. Nach den Brahmanen ist die Herrschaft der Kaste über die Kaste die gottgeheiligte Ordnung, nach Buddha wird man nicht durch Geburt, sondern durch Handlungen zum Brahmanen oder Ausgestoßenen. Durch Gaben für die Priester, durch Opfer für die Götter gewinnt man sich Brahma, so lehren die Brahmanen; nicht durch äußerliche Handlungen, sondern nur durch innere Reinigung gelangt man zu Nirvana, lehrt Buddha. Verachte den Ausgestoßenen, tritt ihn mit Füßen, er soll in Elend auf Erden herumwandern, dies ist der Wille Brahma's; Haß wird nur durch Liebe bewältigt, vergeltet Böses mit Gutem, verzeihet euren Feinden, unterstützet euch gegenseitig, — ist das Gebot Buddhas. Was Wunder, daß das bisher mit Füßen getretene, ausgebeutete, elende Volk sich um den Verkünder dieser frohen Botschaft drängte, daß es begeistert den begeisterten Worten lauschte, und die Kunde von der neuen Lehre, von dem Mensch gewordenen Gotte nach allen Richtungen hin fortpflanzte? Stand es doch in den heiligen Büchern geschrieben, daß Gott, als er den ersten Menschen wegen des Sündenfalles aus dem Paradiese vertrieben, durch das Gebet des Weibes veranlaßt verkündet hatte, er werde, wenn das Elend der Menschen übergroß werden sollte, als Shiva von einem Weibe geboren werden, zur Erlösung des Menschengeschlechtes. Buddha ist der zum Menschen gewordene Gott, wie es einst Krishna gewesen, denn seine Lehre kann nur von Gott kommen. Ob, der ihn sendet Brahma heißt oder Nirvana, was kümmert das Volk der Name? Ob Brahma die alles durchdringende Substanz, Nirvana die Vernichtung ist, was kümmern das Volk diese philosophischen Feinheiten? Es ist die

Botschaft, an die sie glauben, die Botschaft, die ihnen ihre Menschen=
würde zurückgiebt, die ihre Ketten sprengt, die Botschaft der Liebe!
„Der Brahmanismus," sagt Eduard v. Hartmann, „kannte nur Kasten=
pflichten, der Buddhismus ist die erste Religion, die Menschenpflichten
kennt. Die Bruderschaft im Nichts reicht sogar weiter, als die mensch=
liche Gestalt; das Mitgleid trägt sie soweit der Schmerz reicht d. h. es
umfaßt alle lebenden und empfindenden Wesen, die Pflanzen so gut wie
die Thiere."

Die Gewalt der neuen Lehre muß derart unwiderstehlich gewesen
sein, daß selbst die Brahmanen von dem allgemeinen Strom sich mitge=
gerissen fühlten. Auch trat Buddha nicht offen als Gegner des Brahma=
nismus auf, er ignorirte die alte Religion gänzlich. Seine Weltauf=
fassung stand nicht im Widerspruch zu der des Brahmanenthums, wenn
auch die Folgerungen himmelweit auseinander gingen. Weder der
Brahmanismus, noch der Buddhismus noch auch die Religion des Con=
fucius, haben jemals darnach gestrebt mit Gewalt ihren Grundsätzen
Geltung zu verschaffen, durch Feuer und Schwert Andersgläubige ihres
Glaubens wegen zu verfolgen, und Seelen zu retten, indem sie die
Körper vernichteten. Die Brahmanen wußten ihre Zeit abzuwarten, um
ihre alte Herrschaft in Indien wieder anzutreten, der Buddhismus aber
wurde durch seine Verbreitung nach Ceylon, China und Japan für den
Verlust Indiens mehr als entschädigt.

Als die östliche Welt diesen speculativen Träumen nachhing und
nach einem Wesen suchte, das keine Aehnlichkeit hatte mit allem, was
am Himmel oder auf Erden, oder im Wasser unter der Erde sichtbar
war, als die Ueberzeugung von der Vergänglichkeit und Nichtigkeit alles
Irdischen die einzig mögliche Erlösung in Nirvana zu finden glaubte
und Pessimismus und Verzweiflung sich aller denkenden Geister be=
mächtigte, trat in China ein Mann auf den Schauplatz, der dieser
gährenden Welt den Ausweg aus dem Labyrinthe, in das sie sich ver=
rannt hatte, zeigte, der ihr zurief, die luftigen Höhen trancendentalen
Denkens zu verlassen, statt mit göttlichen lieber mit weltlichen Dingen
sich zu befassen und über das Nachgrübeln in Bezug auf die Pflichten
gegen die Todten ihre Pflichten gegen die Lebenden nicht zu vergessen.

Dieser Mann war Kung=Fu=Tse (Confucius). „Große Männer
haben kurze Biographien," sagt Carlyle. Ueber die Lebensschicksale von
Confucius wissen wir nur so viel, daß er im Staate Lu, wenige Jahre
vor dem Tode Buddhas geboren worden, daß er sich mit 19 Jahren

verheirathete und mit 23 Jahren sein Lehramt antrat, daß ihn die Nachricht vom Tode seiner Mutter tief betrübte, die Nachricht vom Tode seiner Frau aber ihn weniger berührte, daß er einige Zeit Staatsminister war und weise regierte, und daß er in Armuth und Elend in seinem 73. Lebensjahre starb.

In China betete man den Himmel, die Naturkräfte und insbesondere die Geister der Verstorbenen an und brachte ihnen Opfer dar. Von der Natur dieser Gottheiten hatte man nur vage Begriffe, doch war der Glaube, daß die Gottheit alle Verhältnisse und alle Wesen des Reiches durchdringe und im Kaiser zur höchsten Entwickelung gelange, allgemein verbreitet. Zum Unterschiede von allen Nationen glaubten und glauben die Chinesen an ein zukünftiges Himmelreich auf Erden nicht, für sie ist ihr Reich „das himmlische Reich". Plötzlich werden auch diese nüchternen Chinesen von der Aufregung, die sich der asiatischen Welt bemächtigt hatte, mit ergriffen, und man fängt unter ihnen darüber zu streiten an, ob alles die Manifestation eines persönlichen Gottes sei, oder die Emanation einer unpersönlichen Kraft, oder der Ausfluß der unsterblichen Geister der Verstorbenen. Gegen diese ihrem innersten Wesen widersprechende Geistesrichtung mußte sich der praktische Sinn der Chinesen empören, und der Repräsentant dieser echt nationalen Gesinnung war Confucius. Confucius verkündete seinen Landsleuten keine neue Lehre, er sprach nur das aus, was im Volkscharakter lange schon geruht hatte, jeder seiner Sätze wurde als etwas Selbstverständliches hingenommen. Aus diesem Umstande läßt sich erklären, warum Confucius so wenig Anerkennung zu seinen Lebzeiten gefunden hat. Als er um seine Meinung in Bezug auf die den Geistern der Verstorbenen dargebrachten Opfer gefragt wurde, da antwortete er: „Ihr kennt euer Verhältniß zu den Seelen der Lebenden nicht, wie wollet ihr euer Verhältniß zu den Geistern der Verstorbenen herausfinden?"

In dieser Antwort ist auch seine ganze Lehre enthalten.

Er sagte zu seinem Volke: „Es giebt Dinge, die über die menschliche Auffassungskraft hinaus gehen, Dinge, die der menschliche Verstand nicht begreifen kann. Ihr könnt euch die Natur der Gottheit nicht vorstellen, und ihr wisset auch nicht, ob es einen Berührungspunkt zwischen der Gottheit und euch giebt; die Wirksamkeit eurer Gebete und eurer Opfer muß daher ewig eine offene Frage bleiben. Ihr brauchet nicht so weit zu suchen, um in den Himmel zu gelangen, der Himmel liegt vor euch, zugänglich für Jedermann. Dieser Himmel ist die Welt der

Pflicht. Was ihr Religion genannt habt, ist in Wirklichkeit das Produkt eurer Imagination, es mag vielleicht seine Richtigkeit haben, vielleicht auch nicht, wir können weder das eine noch das andere behaupten. Aber Rechtthun, seine Pflichten erfüllen, dieser Weg steht Jedermann offen und wird Jedermann zum Ziele führen."

Confucius hat mit den Fragen der Religion nichts zu schaffen, er läßt diese ungelöst und setzt an die Stelle der Theologie die Moral. Gleich seinen Landsleuten sieht er in [dem himmlischen Reiche die beste aller Welten, das Himmelreich auf Erden, und seine Lehre hat keinen andern Zweck, als nur den Bestand dieses Reiches zu sichern, seine Moral ist eine den Verhältnissen dieser Welt angepaßte Moral. Da das Unrecht Wiedervergeltung hervorruft, dadurch aber die Ruhe des Staatswesens gefährdet wird, so ertheilt er dem Chinesen gleichsam als Leitmotiv jene goldne Regel, die späterhin das Christenthum adoptirt hat: "Was du nicht willst, daß dir geschehe, das thue auch dem Andern nicht."

Nach allem, was wir über den Charakter des Chinesen gesagt haben, ist leicht zu begreifen, daß für ihn, da alles und jedes im Staatswesen verkörpert erscheint, Ideale gar nicht existiren. Der Chinese kennt daher außer den Gesetzen keine andere Moral. Der Coder der Moral, wie ihn Confucius redigirte, gleicht einem System unserer modernen Nationalökonomie, in welchem das Verhältniß zwischen dem Besitzenden und Nichtbesitzenden, Herren und Dienern auseinander gesetzt wird.

Nach Confucius giebt es 4 besondere Arten dieses Verhältnisses, nämlich: das Verhältniß zwischen Herrn und Diener, Vater und Sohn, Mann und Frau, und älterm und jüngerem Bruder. Der Herr, der Vater, der Mann und der ältere Bruder herrschen, der Diener, die Frau und der jüngere Bruder gehorchen.

Aber die Macht der einen Seite, und der Gehorsam der andern, muß durch moralische Motive geregelt werden, damit die Macht nicht in Mißbrauch und der Gehorsam nicht in Widersetzlichkeit ausarte.

Diese Moral lehren nun die einzelnen Sätze, die Confucius seinen Schülern eingeprägt hat.

"Wenn du etwas weißt, zu behaupten, daß du es weißt, und wenn du etwas nicht weißt, zugegeben, daß du es nicht weißt; das ist Wissen."

"Man kann auch mit schlechtem Reis als Nahrung, mit Wasser als Getränke und seinem Arme als Ruhepolster glücklich sein; aber

Reichthum und Ehre ohne Tugend scheinen mir wie die schnell vorüberziehenden Wolken."

„Klage nicht, daß die Menschen dich nicht kennen, klage vielmehr darüber, daß du die Menschen nicht kennst."

„Ein guter Mensch ist heiter, ein schlechter in ewiger Furcht."

„Schöne Worte und bescheidene Haltung sind noch kein Beweis von Tugend."

„Man kann seine Principien erweitern, Principien vergrößern aber nicht den Menschen."

„Der Vorsichtige irret selten."

„Wornach der Edlere strebt, ist immer in ihm, wornach der Kleinliche strebt ist immer in Andern."

„Ein edler Mensch ist würdevoll und nicht streitsüchtig, er ist gesellig aber nicht parteiisch; er schätzt den Menschen nicht nach dessen Worten, noch verachtet er die Worte wegen der Person, die sie geäußert."

„Ein Armer, der nicht schmeichelt, und ein Reicher, der nicht stolz ist, sind wolgelittene Charaktere; sie kommen aber nicht gleich dem Armen der heiter ist und dem Reichen, der die Gesetze des Anstandes liebt."

Dem Auftreten des Confucius hatte China zu verdanken, daß es von der religiösen Bewegung, die Asien erschütterte, verschont wurde, doch ist es auch dasselbe geblieben, welches es vor Jahrtausenden gewesen, und welches es noch heutzutage ist. Aber auch die übrigen asiatischen Nationen haben trotz Buddhas keinen Fortschritt in ihrer Cultur aufzuweisen. Freilich ist im Buddhismus, wie er sich entwickelt hat, die Lehre Buddhas nicht zu erkennen. Nirvana haben sie zu einem Paradiese umgestaltet und es mit orientalischer Fantasie ausgeschmückt. Dem Mensch gewordenen Gotte haben sie eine Unzahl von Göttern und Göttinen zugestellt, die Lehre Buddhas durch zeitgemäße Dogmen bereichert. Buddha kennt keine Brahmanen, er will nichts von Opfern wissen, er predigt die innere Reinigung, die Reinigung der Gedanken und des Herzens; und sie haben eine ganze Hierarchie sich zusammengestellt, an deren Spitze der unfehlbare, göttliche oberste Priester steht, und es wimmelt von Bettelmönchen und Nonnenklöstern, und der Götterdienst wird durch ein unverständliches Ceremoniell verdunkelt und dadurch in den Augen der gläubigen Massen geheiligt.

V.

Mit Rücksicht auf den innigen Zusammenhang, der stets zwischen politischen und religiösen Ideen bestanden hat, müssen wir die socialen Zustände des im Werden begriffenen griechischen Volkes, insoferne sich auf selbe aus der durch die Homer'schen Gesänge überlieferten Götterlehre schließen läßt, als an Gesittung weit hinter jenen zurückstehend erklären, welche wir bei den Ariern, bevor die Lostrennung der einzelnen Stämme begonnen hatte, kennen gelernt haben. Dieser Rückschritt in der Gesittung, wie sie sich in den Religionsbegriffen abspiegelt, läßt sich nur aus dem Einflusse erklären, den die Cultur der semitischen Ureinwohner Kleinasiens, von welchem Lande aus die Pelasger späterhin Griechenland erreichten, auf sie ausgeübt haben mußte. So ist Aphrodite offenbar semitischen Ursprungs, sie weiset alle Züge der phönizischen Mondgöttin Astarte auf, und die Griechen lassen die Schaumgeborene auch in Cyprus oder Cythera an's Land steigen, wo die Phönizier ihre Handelsniederlassungen hatten. Die griechische Mythologie nun bekundet einen wahrhaft barbarischen Gesellschaftszustand. Wir finden da Menschenopfer und Menschenraub, Cannibalismus und Piratenthum, Polygamie und Racheakte, welche kaum geschildert werden können.

Nach einem verhältnißmäßig kurzen Zeitraum sehen wir in Griechenland gesittetere Zustände, im Olymp herrscht aber noch immer dasselbe Unwesen.

Wie kommt es nun, daß neben derart niedern Religionsbegriffen, und ohne daß welche Spuren eines allmäligen Ueberganges sichtbar wären, die Weisen Griechenlands plötzlich die höchsten Höhen menschlichen Denkens erklimmen, und Fragen in den Bereich ihrer Erörterungen ziehen, die von einem geistigen Leben zeugen, welches zu erreichen nur wenigen Nationen gestattet war?

Und wie kommt es, daß die römischen Räuberhorden, kaum daß sie ein Staatswesen gegründet hatten und während sie in ewigen Kriegen verwickelt waren, sich Gesetze geben konnten, welche die Bewunderung der ganzen Welt herausgefordert und die Grundlage der Gesetzgebung aller civilisirten Nationen abgegeben haben?

Die Antwort auf diese Fragen ist eine und dieselbe: Die Griechen nahmen ihre Philosophie, woher auch die Römer ihre Gesetze, — aus Indien. Das Bewußtsein der Stammesverwandtschaft war längst schon geschwunden, die Arier kehren aber zu ihrem Hauptstamme zurück, und holen sich, was sie eben zu ihrer weiteren Entwicklung benöthigen. Der praktische, welterobernde Römer braucht Gesetze und er findet sie in Indien, der „der ästhetischen Anschauung, dem ästhetisch veredelten dolce far niente" sich hingebende Grieche, dessen „Lebenszweck im Ausruhen" besteht, braucht Gedanken, und er findet sie in Indien.

Die Weisen und Philosophen Griechenlands stammen theilweise aus Kleinasien, theils haben sie in Asien ihre Schule durchgemacht, und dahin auch schicken die Römer ihre Abgeordneten, um die Gesetze zu studiren. Selbstverständlich ist es die mechanische Weltauffassung, welche die Gemüther beherrscht. „Aus nichts kann nichts entstehen", lehrt Demokrit, „und nichts, das ist, kann zerstört werden. Jede Veränderung ist nur die Folge der verschiedenen Combination und Separation der Atome. Jede Erscheinung ist die nothwendige Folge einer Ursache. Eigenschaften der Körper wie Süßigkeit, Bitterkeit, Wärme, Kälte u. s. w. existiren nicht an und für sich, sondern nur in unserer Einbildung. Durch die Bewegung und den Fall der Atome werden unzählige Welten fortwährend gebildet, und gehen unzählige Welten fortwährend zu Grunde". Nach Empedocles muß, was sich nicht den Zwecken der Natur adaptirt, zu Grunde gehen, und Zeno lehrt „daß die Natur in ihren Wirkungen nur das Ganze im Auge hat und niemals Individuen schont, letzterer vielmehr zur Erreichung ihrer Zwecke sich bedient". „Wie der Wasserfall immer denselben Anblick gewährt", erklärt Zeno diese seine Behauptung, „obwol seine Gewässer ewig wechseln, so ist auch der Anblick der Natur nichts Anderes, als der ewige Wechsel der Materie, und nur als Ganzes betrachtet, ist das Universum unveränderlich. Es gibt eine unsichtbare Kraft, aber keinen persönlichen Gott. Und wie der müde Mensch sehnsuchtsvoll dem Schlafe entgegensieht, so sollte auch der Philosoph, der Welt müde, der Vernichtung entgegensehen. Ich besitze einen Schatz, dessen mich die ganze Welt nicht berauben kann, — den Tod."

Wenn in diesen Sätzen die Philosophie Buddhas sich spiegelt, so zeigt die Schlußfolgerung eine Annäherung an die Lehre des Confucius.

Zeno folgert nämlich: „Es ist nicht philosophisch nach den ersten Ursachen zu forschen, wir haben es nur mit Erscheinungen zu thun. Wir sind unfähig vollkommenes Wissen zu fassen, selbst wenn die Wahrheit in unserem Besitze ist, sind wir dessen nicht gewiß."

Dieser Weltanschauung tritt Socrates entgegen, nach dem die

menschlichen Handlungen und das Dasein überhaupt aus einem bewußt vorgesetzten Endzwecke abgeleitet werden müssen. Aber nur über eigene Handlungen können wir etwas wissen, die Natur liegt außer unserer Sphäre. Das Studium der Natur könne nur Ungewisses erzeugen, es könne nichts zum menschlichen Glücke beitragen.

Plato steigerte diese Lehre bis zur Flucht aus der sinnlichen Welt.

Dem gegenüber kann es nicht befremden, daß als einer der Philosophen die Ansicht äußerte, der Mond sei so groß wie der Peleponnes, er wegen dieser Kühnheit ausgelacht wurde, und als Anaragoras sogar sich zu der Behauptung verstieg, der Mond sei ein Klumpen bloßer Materie, so ward es als eine milde Strafe angesehen, daß er für diese Behauptung statt mit dem Tode bestraft zu werden, nur in die Verbannung geschickt wurde.

Nach einem dritten Philosophen war die Milchstraße der Ort, wo die beiden Hälften des Himmels zusammengefügt worden sind.

Nach Thales ist der Urstoff das Wasser, nach Empedocles die 4 Elemente, nach Pythagoras sogar die „Zal."

Das Schauspiel, das wir in Asien gesehen haben, wiederholt sich nunmehr auf griechischem Boden. Neben den scharfsinnigsten philosophischen Systemen, der Erörterung der subtilsten Fragen der Methaphysik, finden wir eine Verachtung der exacten Naturwissenschaften, eine Unkenntniß in Bezug auf die äußere Natur, welche an's Unglaubliche grenzt, so daß selbst der „Materialist" Empedocles allen Ernstes an die Seelenwanderung glaubt, wahrscheinlich, weil im Osten diese die esoterische Lehre jedes Religionssystems gebildet hatte.

Die Folge dieses Zwiespaltes zwischen Denken und Wissen war, daß einzelne Schulen dem Mysticismus verfielen, und daß die ganze griechische Philosophie in Haarspalterei ausartete. Und weil dieses Geistesleben nicht aus dem Volke selbst herausgewachsen war, so stand auch das Volk, welches den importirten Ideen nicht die gehörige Reise entgegenbrachte, diesem Geistesleben feindlich gegenüber. Socrates mußte den Giftbecher leeren, und Aristoteles, um einem ähnlichen Schicksale zu entgehen, aus Athen flüchten; Protagoras, der sein Werk über die Götter mit dem Satze einleitete: „was die Götter betrifft, so weiß ich nicht ob sie existiren oder nicht", verdankte seine Rettung nur der Flucht, sein Werk aber wurde öffentlich verbrannt; Anaxagoras, der „Atheist" Theodorus, Diogenes aus Appolonia, sie alle hatten unter dieser Verfolgungssucht zu leiden.

Doch der einmal angeregte und in Fluß gerathene Geist der Forschung konnte nicht mehr unterdrückt werden, und indem Aristoteles diesen auf die Basis aller Wissenschaft, die Empyrie, leitete, wurde er der Begründer jedes wissenschaftlichen Forschens, und seine Gesetze des Denkens, seine Theorie über das Staatswesen, seine Ansichten über die Rechte und Pflichten der Bürger stehen heute noch mustergültig da. Der concrete individualisirende Sinn der Griechen findet sein Ideal in der Schönheit, der Form, und griechische Kunst und griechische Poesie sind es, die die griechische Civilisation zum Musterbild für jede Cultur machen. Mit der politischen Unabhängigkeit hörte auch die griechische Bildung eine selbstständige Existenz zu führen auf. Die Römer waren gelehrige Schüler der Griechen, als selbstständige Schöpfer jedoch konnten sie auf keinem Gebiete, auf dem jene geherrscht hatten, auftreten.

Unter allen arischen Stämmen haben die Römer am treuesten ihren Stammescharakter bewahrt. Dafür spricht die freie Stellung der römischen Frau, das römische Familienleben und insbesondere die patria potestas.

Auch die politische Entwickelung hat im großen Ganzen denselben Weg genommen, wie die des Hauptstammes in Asien; wenn auch die äußeren Verhältnisse andere in Asien und andere in Europa waren.

Wir haben gesehen, wie in Indien durch den Racenunterschied der Bewohner und die immer mehr überhand nehmende Macht der Priester ein Kastenwesen sich im Laufe der Zeiten herausbildete, welches den Druck der Wenigen auf die Vielen bis zur Unerträglichkeit steigerte, wir haben gesehen, wie der durch diesen Druck erzeugte Geist des Pessimismus und der Verzweiflung in der Lehre Buddhas zum Durchbruche gelangte und in dieser Lehre seine Befreiung anstrebte.

Die Römer fanden sich, als sie auf ihrer Halbinsel erobernd aufzutreten begannen, keinen Völkerschaften von verschiedener Race gegenüber, die Priesterklasse fing erst in spätern Zeiten aus den andern Volksklassen sich herauszubilden an, und hat diese überhaupt keine hervorragende Rolle in der römischen Geschichte gespielt.

Der soldatisch geschulte und nach Eroberung strebende Römer hatte in seinem festgegliederten Staatswesen kein Gebiet der Herrschaft der Götter abzutreten; inwiefern er glaubte, daß er des Beistandes seiner Gottheit beim Kriegführen bedurfte, insoferne erkaufte er sich diesen Beistand durch freigebige Opfer und die Priester hatten ihre Thätigkeit bloß darauf zu beschränken, kund zu thun, ob das geplante Unternehmen einen günstigen oder ungünstigen Verlauf nehmen werde. Die Priester waren

Chiromanten, die Götter abstrakte Wesen, unverheirathet, kinderlos, welche im Gegensatze zu den Göttern Griechenlands, keine Nahrung zu sich nahmen und auch nicht unter den Menschenkindern herumwandelten und Liebesabenteuern nachjagten.

Wenn sich daher unter den Römern kein Kastenwesen und kein Brahmanenthum entwickeln konnte, so kommen doch im Laufe der Zeit ähnliche Gegensätze zum Vorschein, wie wir sie bei den Hindus verfolgt haben. In Rom traten an Stelle der Brahmanen die Patricier, an Stelle der Südras die Bevölkerung der unterjochten Provinzen, während die Völker Italiens, dem Namen nach römische Bürger, in Wirklichkeit besitzlose Vaisyas waren, mit dem Unterschiede, daß sie, da die Arbeit der Würde eines römischen Bürgers nicht entsprach, von den besitzenden Klassen gefüttert werden mußten.

Von den ursprünglichen Bewohnern Roms stammen die Patricierfamilien; die unterjochten und nach Rom übersiedelten Nachbarstämme bilden die Plebejer, deren Schaar durch die Verleihung des römischen Bürgerrechts an alle italischen Völker und durch das Hinzuströmen der verarmten Bewohner der Provinz in die Hauptstadt, von Tag zu Tag wuchs.

Nach der arischen Verfassung war alles eroberte Land Gemeingut des Stammes, das durch die Römer eroberte Land, der ager publicus, wurde jedoch nicht unter alle Bürger, sondern ausschließlich unter die Patricier vertheilt. In Folge der Kriege und des unerbittlichen römischen Schuldrechtes verarmten die kleinen Grundbesitzer Italiens und ihre Güter kamen in die Hände der Großen. Der ungeheure Zuwachs an Sklaven herbeigeführt durch siegreiche Feldzüge, gab den Patriciern noch ein größeres Uebergewicht. Nach der Eroberung Tarents wurden 30 000 Gefangene als Sklaven verkauft, nach der Schlacht am Metaurus 50 000. Tiberius Sempronius Gracchus warf bei seiner Rückkehr aus den sardinischen Kriegen eine solche Masse auf den Sklavenmarkt, daß der Preis bedeutend fiel und seitdem das Sprichwort in Schwung kam: „Spottbillig wie ein Sarder." Nach der Besiegung des Perseus wurden in Epirus 70 Städte zerstört und 150 000 Menschen verkauft. Der Sklavenhandel nahm enorme Dimensionen an, so daß beispielsweise in Delos oft an einem Tage 10 000 Sklaven umgesetzt wurden, und auf dem mittelländischen Meere wimmelte es von mit Sklaven beladenen Schiffen. Die Ländereien Italiens wurden in große Weidegüter verwandelt, berittene Sklaven hüteten das Vieh, der kleine Grundbesitzer, ohnmächtig gegen die Concurrenz der Sklavenarbeit, zog in die Hauptstadt und vermehrte dort die Masse des hungernden Proletariats.

Tiberius Gracchus konnte mit voller Berechtigung diesen Proletariern zurufen: „Die wilden Thiere, welche in Italien hausen, haben ihre Höhlen und ihr Lager; die Männer, welche für Italien kämpfen und sterben, haben von ihrem Vaterlande nichts als Luft und Licht. Ohne Wohnsitz und ohne Obdach irren sie umher mit Weib und Kind, und es ist Hohn und Lüge, wenn die Anführer in den Schlachten ihre Soldaten anfeuern, für die Tempel ihrer Götter und die Gräber ihrer Väter zu kämpfen. Denn von der großen Menge der Bürger hat keiner einen väterlichen Altar, keiner einen Grabhügel seiner Vorfahren, sondern sie kämpfen für Anderer Verschwendung und Reichthum."

Die Proletarier waren aber römische Bürger, sie bildeten die Mehrzahl auf dem Forum und in den Comitien; sie errangen auch nach langen Kämpfen vollständige politische Gleichheit. Die Besitzverhältnisse blieben aber dieselben. Da der ager publicus längst verschwunden war, so war es die Aufgabe der Volkstribunen, die Patricier zu zwingen, einen Theil dieser Beute dem besitzlosen Volke wieder auszuliefern.

Die lex Sempronia, welche Tiberius Sempronius Gracchus durchsetzte, bestimmte, daß niemand über 500 Joch vom ager publicus besitzen dürfe, daß der Ueberschuß von allen Besitzern an den Staat zurückgegeben werden müsse, und daß das hierdurch gewonnene Land, in Loose von 30 Joch zerschlagen, an die Bürger (als Erbpacht) vertheilt werden solle.

Diese Reformbestrebungen, da sie gegen das Interesse der Mächtigen gerichtet waren, scheiterten und die lex Thoria beseitigte die Untersuchung wegen Ueberschreitung der Besitzgrenze von 500 Joch.

Zu Cäsars Zeiten zählte man in Rom unter den 450 000 Bürgern 320 000 Proletarier; 1% der Gesammtbevölkerung lebte in Ueberfluß und Luxus, der Rest bestand aus Sklaven und freien Bettlern. Die Schätze der Welt strömten in die Staatskassen Roms, um von hier aus unter die Großen und Mächtigen, die Günstlinge der Kaiser, vertheilt zu werden und dienten dazu, den krankhaft gereizten Appetit nach Vergnügungen, welchen die Bekanntschaft mit der Wollust des Ostens erzeugt hatte, zu stillen. Die Unterschlagung der Staatsgelder durch Prätoren und Quästoren wurde chronisch, und die moralische Verkommenheit des Pöbels der Hauptstadt durch die Freigebigkeit ambitiöser

Politiker und die elende Schmeichelei der Demagogen ließ keine
Steigerung mehr zu.

"Qui dabat olim
Imperium, fasces, legiones, omnia, nunc se
Continet, atque duas tantum res anxius optat:
Panem et circenses". (Juv. Sat. 10. 81.)

Hand in Hand mit dieser Verkommenheit des Volkes ging die
Corruption der besitzenden Klassen. Der Glaube an die Götter ist längst
geschwunden; das Pantheon, welches eine Mustercollection der Gottheiten
des gesammten Erdenrundes enthält, ist zum nationalen Museum herab=
gesunken; der Philosophie der Griechen haben sie entnommen, daß die
Tugend ein Phantom und nur der Genuß die Aufgabe des Menschen
sei, — ihr Wahrspruch lautet: virtus post nummos, ihr Streben ist nur
auf Erwerb von Reichthümern gerichtet, „sie heirathen", sagt Plutarch,
„um Erben zu sein, nicht um Erben zu haben." Bisher war das Leben
des römischen Bürgers im Staatsleben aufgegangen — salus rei
publicae suprema lex esto.

Nunmehr hat sich die Republik in eine Weltmonarchie verwandelt,
was zu dieser nicht gehörte, war nicht der Erwerbung werth, der Staats=
zweck war erreicht. Damit schwand aber auch für den Römer sein
Lebenszweck, und in der Jagd nach Genüssen suchte er die Leere in
seiner Brust auszufüllen, in der einst Roma geherrscht hatte. Und da
ihm dieses nicht gelingen will, so verliert das Leben jeden Reiz, er opfert
dieses dem leisesten Stirnrunzeln des allmächtigen Imperators und eine
wahre Selbstmordmanie reißt ein.

Wohin das Auge in diesem riesigen Reiche blicken mag, überall
bietet sich ihm ein trostloser Anblick dar.

In den Provinzen wird das Volk unter der Last der Arbeit er=
drückt, habgierige Beamte saugen ihm das Lebensblut aus; in der
Hauptstadt die zuchtlose genußsüchtige turba forensis, die nach Brod und
Circusspielen ruft, neben diesen die Großen und Mächtigen, für welche
das Leben keinen Genuß mehr zu bieten vermag; überall eine ungeheure
Zahl von Sklaven, die mit Ketten an einander gefesselt zur Arbeit ge=
trieben werden, oder denen die Waffe in die Hand gedrückt wird, damit
sie im Kampfe gegen die aus allen Himmelsgegenden herbeigeschleppten
wilden Bestien nicht zu schnell unterliegen und so der noch wilderen
Bestie, dem Zuschauer, den Anblick einer längeren Todespein gewähren.

Ueberall Elend, Jammer, Verzweiflung. Und darüber erhebt sich der Thron der Cäsaren in majestätischer Einsamkeit.

Dieser Thron wankt, wenn das aus Sicilien kommende Schiff durch ungünstige Winde zurückgehalten wurde, und kein Getreide da war, das dem vielköpfigen Mob vorgeworfen werden könnte; er wankt, wenn im Circus das Gladiatorenblut nicht genügend fließt; der Thron stürzt zusammen, wenn den ehrgeizigen Hauptmann der Prätorianerbande die Lust anwandelt, für einige Zeit den Gott zu spielen, oder wenn glänzende Geschenke die Verdienste des Kronprätendenten ins gehörige Licht stellen.

Die Götter und die Könige des ganzen Erdenrundes sind verschwunden, sichtbar nur ist der Thron des allmächtigen Cäsars. Wenn Cäsar zürnt, erzittert die Welt; Cäsars Gnadenlächeln zaubert Glück und Sonnenschein herbei. Göttliche Ehre wird dem lebenden Cäsar, göttliche Ehre auch dem todten gezollt, — das römische Reich kennt nur einen Gott, und dieser Gott ist der Imperator!

Die Zeit ist reif für die Herrschaft des Monotheismus.

Einmal bereits hat der Monotheismus an die Thore Europas gepocht und Einlaß begehrt, aber um seine olympischen Götter schaarte sich das griechische Volk und wies den Eindringling zurück. „Hätten die Griechen," sagt Max Müller, „die Schlachten bei Marathon und Salamis verloren, so wäre vielleicht die Staatsreligion der Perser, d. i. die Anbetung Ormuzds zur Religion der ganzen civilisirten Welt geworden."

Jetzt zum zweiten Male — kommt dieser Monotheismus auf dem Umwege über Judäa nach Europa und diesmal, um seine Herrschaft dauernd zu begründen. Nicht durch die Gewalt der Waffen hält der neue Glaube seinen Einzug, seine Kämpfer sind nicht kriegsgewandte Feldherren, die über Tausende von Streitern verfügen; die die neue Lehre, die Lehre von der Erlösung der Menschheit verkünden, sind arme, unbekannte Wanderer, aus fernem Lande kommend. Und diese Fremden bringen nichts als ihre Begeisterung mit, und die Kunde von dem Mensch gewordenen Gotte, der aus Liebe für die leidende Menschheit und zur Sühne für die Erbsünde freiwillig den Kreuzestod erduldet und am Kreuze noch für seine Feinde gebetet hat. Und sie verkünden die Lehre dieses Gottessohnes: daß die Seele des Menschen unsterblich, daß dieses Leben nur die Vorbereitung für ein künftiges ewiges Leben sei, daß alle Menschen Kinder eines Gottes seien, daß sie sich daher gegenseitig lieben sollen, daß dieser Gott der Gott der Liebe sei, daß die Armen und Unterdrückten ihren Lohn im Himmel empfangen werden.

Der Christianismus ist nicht ein philosophisches System, wie es der Brahmanismus und Buddhismus ist, er ist keine Lehre der Zweckmäßigkeit wie die des Confucius, er ist keine Kampfesreligion wie die des Zoroaster, er ist auch nicht die Religion eines einzigen „auserwählten" Volkes wie die der Hebräer: „mein Reich ist nicht von dieser Welt", verkündet der Begründer der neuen Lehre. Deshalb rüttelt Christus an den Einrichtungen dieser Welt nicht, „gebet Gott, was Gottes, und Cäsar, was Cäsars ist," er behauptet nicht, daß alle Menschen hier auf Erden einander gleich sind, sie sind Kinder eines Gottes und vor Gott nur gleich; er verspricht den Sklaven nicht die Freiheit, den Armen keine Reichthümer, er verkündet vielmehr, daß kein Reicher in den Himmel eingehen könne, man solle daher alles verkaufen, was man besitzt und es den Armen geben, man solle keine Schätze auf Erden sammeln, sondern im Himmel, denn jene müsse man zurück lassen und diese nur werden am Tage des Gerichts zeugen.

Es ist auch nicht die „Botschaft der Liebe", welche als das charakteristische Merkmal der christlichen Religion bezeichnet werden könnte. Denn diese Botschaft hat Buddha verkündet (und sie erstreckt sich nicht nur auf den Menschen, sondern auch auf alle lebenden Wesen), und auch Jehovah hatte sich bereits zum Gott der Liebe entwickelt. Das wahre Christenthum beruht auch nicht auf dem Glauben an die Dreieinigkeit, denn diesen haben erst ägyptische Priester in die christliche Religion eingeführt, noch auf dem Glauben an die Menschwerdung Christi, an dessen freiwillige Aufopferung zur Sühne der Erbsünde des Menschen, denn diese Sage ist den heiligen Büchern des Ostens und der Messiasglaube der Juden der Lehre Zoroasters entnommen: was das Christenthum von allen andern Religionen, und wie ich glaube zu seinem Vortheile, auszeichnet, ist der Umstand, daß es sein Gebot der Liebe nicht aus dem Mitleid für Unglücksgenossen wie der Buddhismus, sondern aus der Brüderlichkeit aller Menschen, die Kinder desselben Gottes sind, ableitete, und daß es „sein Reich als nicht von dieser Welt" verkündete.

Das Christenthum befriedigte das Verlangen des Menschen nach Unsterblichkeit, und vertröstete ihn von den Mühsalen und dem Elend dieses Lebens auf ein besseres zukünftiges Leben, es gab ihm Trost und Hoffnung zugleich und durch das Gebot der Liebe bestrebte es sich, das

Himmelreich bereits auf Erden einzuführen ohne sich in Widerspruch zu der bestehenden Ordnung zu setzen. Darin liegt das Geheimniß seines Erfolges. Eine Religion, die die gesellschaftlichen Einrichtungen, oder gar den Bestand des Staates selbst angegriffen hätte, hätte keine Aussicht auf Erfolg gehabt, denn noch stand Roma im vollen Glanze ihrer Macht da, und noch gebot sie über die ganze Welt. Das Christenthum billigte nicht nur alles Bestehende, es erklärte dieses vielmehr als Anordnung Gottes und heiligte es; das Christenthum unterstützte die Staatszwecke und eignete sich somit von allem Anfang an zur „Staatsreligion", und dadurch, daß es alles Weltliche aus seinem Gebiete ausschloß, auch zur Weltreligion.

Christus hat, wie Buddha, nichts Schriftliches hinterlassen. Seine Jünger und Schüler beeilten sich, der Lehre ihres Meisters zum Wohle der künftigen Generationen eine feste Form zu geben, und weil jeder der Apostel diese Lehre seiner Auffassung und seiner Anschauung anpaßte, so entwickelte sich auf Grund dieser zum Theile sich widersprechenden Evangelien, wie auch auf Grund von verschiedenen das Wesen des Christenthums betreffenden Fragen, ein Streit unter den spätern Kirchenvätern, der es behufs Erhaltung der Einheit des Glaubens nöthig machte, von Zeit zu Zeit allgemeine Kirchenversammlungen abzuhalten und auf diesen Concilien immer neue Dogmen zu decretiren.

Herrschsüchtigen Priestern und finstern Fanatikern gelang es, die reine Lehre Christi zu einem Religionssystem zu entwickeln, welches hauptsächlich mit den Angelegenheiten dieser Welt sich befaßte. Es gehört nicht in den Bereich meiner Aufgabe, zu zeigen, wie diese der ursprünglichen Lehre widersprechende Auffassung in ihrer weiteren Entwickelung zur Reformation geführt hat.

Der Glaube an die göttliche Inspiration, welcher jedes Wort der Bibel seine Entstehung verdanken soll, und an die fortwährende Intervention der Gottheit beim Wirken der Naturkräfte, veranlaßte die Kirche jeder Entdeckung auf dem Gebiete der exacten Wissenschaften sich feindlich gegenüber zu stellen.

Die Kirche will nicht, daß eine neue Welt entdeckt werde und das Concil zu Salamanca erklärte Columbus Unternehmen für gottlos; die Kirche hält an der geocentrischen Auffassung der heiligen Schrift fest und widersetzt sich mit aller Gewalt der Bewegung der Erde. Die Congregation des Index verdammt Kopernikus System als „jene falsche Pythagoräische Lehre so ganz widersprechend der heiligen Schrift," Giordano

Bruno wird in Rom verbrannt, und Galilei durch die Folter zum Widerruf gezwungen.

De Dominis erklärt die Entstehung des Regenbogens anders als die heilige Schrift dies thut, er wird nach Rom gelockt, eingekerkert und nachdem er im Kerker gestorben war, wird sein Körper sammt seinen Werken am Scheiterhaufen verbrannt. Die Pest ist eine Strafe Gottes und nur die Fürbitte der Heiligen kann Gott bewegen, die schuldige Menschheit von dieser Strafe zu befreien; das wirksamste Mittel sind daher Prozessionen und Gebete zu den Heiligen. Als jedoch die Stadt Paris anderer Ansicht huldigte, und das Halten von Schweinen in den Straßen der Stadt verbot, da beschwerten sich die Mönche vom Kloster des heilgen Antonius darüber und verlangten, „daß es den Schützlingen dieses Heiligen auch fernerhin gestattet sein möge, zu gehen, wohin es ihnen beliebt."

Lebens- und Feuerversicherungen werden noch heutzutage für eine Einmischung in die Akte der göttlichen Vorsehung und daher für irreligiös gehalten. Seit Luthers Auftreten hatte man angefangen, die Bibel einer wissenschaftlichen Kritik zu unterziehen, und diese Kritik hat, befördert durch die in neuester Zeit bekannt gewordenen heiligen Bücher anderer Religionen, gezeigt, daß die Bibel das Werk verschiedener Zeitepochen gewesen, daß ihre Schöpfungsgeschichte oder eigentlich ihre doppelte Schöpfungsgeschichte (Genesis II 4 steht im Widerspruch zu I—II 3) der Zend-Avesta entnommen zu sein scheint, daß ihre Speisegesetze auch in allen andern Religionsbüchern vorkommen, daß Jehovah eigentlich Jehu, ursprünglich eine chaldäische Gottheit, in den ältesten Theilen der Bibel alle charakteristischen Merkmale des Sonnengottes aufweist, daß der Gottesbegriff der Juden erst, seitdem sie in ihrer babylonischen Gefangenschaft die Bekanntschaft Ormuzds gemacht hatten, zum Monotheismus, und Jehovah zu Rabbi Hillels Zeiten zum Gott der Liebe sich entwickelt hat.

Das Studium der heiligen Bücher des Ostens hat aber auch gezeigt, daß die Geschichte vom Paradiesesleben des ersten Menschen, von dessen Sündenfall, der Vertreibung aus dem Paradiese, und dem Fluch, der von nun an dem Menschengeschlechte anhaftet, indischen Ursprungs ist. Nur daß es hier Adam ist, der, von der Schlange verleitet, vom Baume der Erkenntniß ißt, und daß Brahma, gerührt durch die Selbstaufopferung Evas, die ihrem Manne freiwillig ins Exil folgt, verspricht, zur Erlösung des Menschengeschlechtes Shiva von einem Weibe geboren werden zu lassen.

Auf allen Gebieten der Wissenschaft sind Resultate zu Tage gefördert worden, die im direkten Widerspruche stehen zu den Angaben der heiligen Schrift.

„Der Untergang einer Religion bei einem bestimmten Volke beginnt mit dem Augenblicke, wo eine besondere Religion der Gebildeten und Ungebildeten entsteht und dieser Gegensatz nicht mehr aufzuheben ist." (Guizot, Civilisation en Europe p. 157, 163, 173.)

Nach David Hume soll jedes Buch, das nicht über Quantität, Zahl oder Thatsachen handelt, den Flammen überliefert werden, denn es kann nichts enthalten als nur Sophisterei und Illusion, und nach August Comte sind „Religion und Metaphysik Produkte der unreifen Kindheit des Menschengeschlechtes." „Die Wissenschaft," sagt er, „geleitet Gott an die Grenze ihres Gebietes und dankt ihm für die erwiesenen Dienste."

—————

Unsere Philosophie huldigt der materialistischen Weltauffassung, und greift mit Vorliebe auf die Lehre Buddhas zurück, unsere Philosophen sind Verkünder des „Pessimismus".

Wie einst Plato Göttersagen, wie die, daß Zeus seinen Sohn Haphaistos, weil letzterer seine Mutter vor der Mißhandlung ihres zornigen Ehegatten schützen wollte, aus dem Himmel schleuderte, für unmoralisch und daher unwahr erklärte: so erklärt auch unsere Moralphilosophie den Glauben, daß wegen des Sündenfalles des ersten Menschen alle späteren Generationen zu leiden haben, oder daß die Seelen gewisser Sünder ewiger Verdammniß anheimfallen sollten, als unmoralisch und daher unwahr, wie es auch unmoralisch ist, an alle die Martern und Qualen zu glauben, denen die Seelen der Verdammten im Reiche des Höllenfürsten ausgesetzt sein sollen.

Himmel und Hölle wanken in ihren Grundfesten.

Mitten in dieser Welt des Zweifels und Pessimismus stehen die Agnostiker, die uns, wie es Confucius gethan, zurufen, das eitle Streben nach dem Erforschen der letzten Ursache aufzugeben, und uns an das zu halten, was die Wissenschaft, das wirkliche Leben uns bietet.

Und damit das Bild in allen Einzelheiten getreu wiedergegeben werde, substituire man für Sudra und Brahmane, für Sklaven und Herren die neumodischen Namen Arbeit und Kapital, man höre, was Alles von dem Drucke gesprochen und geschrieben wird, den das Kapital auf die Arbeit, oder concreter gesagt, die Kapitalisten auf die Arbeiter ausüben: und man erhält in seiner ganzen Vollständigkeit das Spiegel= bild jener Zeitalter, in denen Buddha und Christus gelebt und gewirkt haben.

VI.

Auf den Ruinen des weströmischen Reiches erhebt sich das feudale Staatswesen, dessen Verfassung wir bereits als die den Verhältnissen ent= sprechend modificirte Verfassung der Dorfgenossenschaft kennen gelernt haben. Noch zur Zeit der römischen Herrschaft hatte die Freilassung der Sklaven aus humanistisch=philosophischen Gründen begonnen und viele Freigelassene hatten es zu Reichthümern, Würden und Ehrenstellen gebracht: Auch hatte sich in den Provinzen ein System herausgebildet, wonach der Sklave seinem in der Regel in Rom weilenden Herrn eine gewisse jährliche Abgabe canon zu entrichten hatte, wogegen der Mehr= erwerb resp. das Mehrerträgniß dem Sklaven eigenthümlich zufiel. Diese Sklaven wurden coloni genannt. Mit dem Boden übergingen auch die coloni auf den neuen Besitzer, das frühere Verhältniß zwischen colonus und Herrn scheint beibehalten worden zu sein, der Sklave machte dem Leibeigenen oder Hörigen, glebae adscriptus, Platz. Wiewohl das Christenthum nicht direkt gegen die Sklaverei sich gewandt hatte, so war es doch natürlich, daß einige der menschenfreundlicheren Kirchenväter der Sache der Sklaven sich warm annahmen und es läßt sich nicht leugnen, daß, als das dritte lateranische Concil erklärte: kein Christ dürfe Sklave sein, die Geistlichkeit einen großen Theil des Verdienstes, das Sklaven= thum abgeschafft zu haben, in Anspruch nehmen durfte. Dieses ihr Ver= dienst ist aber über Gebühr übertrieben worden, wie nicht minder ihr angebliches Verdienst, die Arbeit geadelt, die Rechte des Volkes gegen den Uebermuth der Könige geschützt und wenigstens geringe Ueberreste der alten Cultur vor dem Untergange gerettet zu haben. Die Arbeit blieb nach wie vor verachtet und nach welchen Principien man den Handel beurtheilte, haben wir bei einer früheren Gelegenheit bereits kennen ge= lernt. Erst als Adam Smith den Grundsatz aufstellte: labour is the only universal as well as the only accurate measure of value, „wurde die damals noch tief geknechtete Arbeit in ihr Recht eingesetzt" und „wurde der Adelsbrief der Arbeit verliehen".

Die Volksrechte sind von der Geistlichkeit immer nur als Vorwand für ihre eigenen Herrschergelüste gegenüber weniger gefügigen Fürsten geltend gemacht worden; und was die Rettung der alten Cultur anbetrifft, so darf nicht vergessen werden, daß die Geistlichkeit als der vornehmste Stand, jeden Befähigtern absorbirte, so daß von Bildung außerhalb des geistlichen Standes überhaupt keine Rede sein kann, und daß diese Rettung sich auf ein Minimum beschränkte.

„So groß," sagt J. W. Draper in seiner Geschichte des Conflicts zwischen Religion und Wissenschaft, „war der Vorzug, welcher der Theologie vor allem profanen Wissen eingeräumt wurde, daß das Christenthum 1500 Jahre existirt hat, ohne einen Astronomen hervorgebracht zu haben. Seine Aufmerksamkeit war in Anspruch genommen von Bilderanbetung, Transubstantiation, den Verdiensten der Heiligen und Wundern.

Von den Juden und Saracenen erhielt Westeuropa seine philosophischen Ideen, welche im Laufe der Zeit im Averroismus ihren Höhepunkt erreichten. — Aber die Religion siegte über die Philosophie; Averroes wurde aus Spanien verbannt, so auch Maimonides."

„Revenons à nos moutons", wie jener Client, der einige Schafe verloren hatte, seinem vom Gegenstande abschweifenden Advokaten in die Rede fiel.

Der Leibeigene unterscheidet sich im Wesentlichen nicht viel vom Sklaven. Er ist ein Zubehör des Grund und Bodens, der Grundherr übt nicht nur das jus gladii, sondern auch gewisse Herrenrechte aus, die wie das jus primae noctis bis in unser Jahrhundert hineinreichen, oder wie das sogenannte Bauchrecht — vermöge dessen der Feudalherr, wenn er mit kalten Händen und Füßen von der Jagd heimkehrte, dem Leibeigenen den Bauch aufschlitzen durfte, um seine Gliedmaßen in dem dampfenden Körper des Unglücklichen zu wärmen — noch unmittelbar vor der französischen Revolution constatirt werden. Wachsmuth (Geschichte Frankreichs im Revolutionszeitalter 1840. I. p. 166) erzählt, daß ein bretagnischer Bauer Guen de Kerengal in der berühmten Nacht vom 14. August 1789 erklärte, dieses Recht sei in seiner Heimat ausgeübt worden.

Der Leibeigene war zwar keine Sache mehr, aber immer noch kein Mensch. Seine Gliedmaßen, sein Leben werden in den Gesetzbüchern nicht gar hoch taxirt, die Gerichtsbarkeit des Grundherrn gab den Akten

grausamster Tyrannei den Schein der Legalität. Und wenn die Feudal=
herren einander befehdeten, und sie thaten dies unaufhörlich, so fielen
die Hörigen zum Opfer; ihre Felder wurden verwüstet, ihre Hütten ver=
brannt, die Männer gemordet, die Frauen geschändet, was am Leben
blieb, ging dem Hungertode entgegen. —
Delirant reges, plectuntur achivi. —

Den Städten gelang es, größten Theils während der Kreuzzüge,
vom Lehensbande sich loszumachen, um so drückender lastete dieses auf
der Landbevölkerung, wie dies die Jaquerie in Frankreich, der Aufstand
unter Hans Böheim in Franken, der Bürger= und Bauernbund im Elsaß,
die Bauernaufstände in der Schweiz und in Schwaben, der wendische
Bauernaufstand, der Aufstand der Kuruzen in Ungarn und insbesondere
die großen deutschen Bauernkriege beweisen. Das Feudalwesen hatte
seine Sklavenaufstände, wie sie das römische Reich gehabt hatte, und die
Heftigkeit dieser Ausbrüche spricht klar dafür, daß, ob Sklaven oder Leib=
eigene, der Zustand der großen Massen der Bevölkerung immer derselbe
geblieben war. Die Klage jenes jungen Bauernburschen, — der, als er
am Kalvarienberge hingerichtet werden sollte, ausrief: O, soll so jung
ich sterben und habe in meinem ganzen Leben mich kaum zweimal satt=
gegessen! — kennzeichnet die damaligen Verhältnisse. Und gegen diese
hungernde und darbende Bevölkerung, die in den bekannten 12 Artikeln
nichts verlangt, als daß es ihr gestattet sei, das Wild zu jagen und in
den öffentlichen Gewässern zu fischen, die den Zehent fortbestehen läßt
und auch das Privateigenthum, wüthet der große Reformator: „Man
soll sie zerschmeißen, würgen und stechen, heimlich und öffentlich, wer da
kann, wie man einen tollen Hund schlagen muß; darum, liebe Herren,
loset hie, rettet da, steche, schlage, würge sie, wer da kann; bleibst du
darüber todt, wohl dir, seligern Tod kannst du nimmer überkommen."
Und doch war es nicht lange her, als Luther wegen der Unterdrückung
dieses Volkes der „römischen Sodoma" zugedonnert hatte: „Wenn ihr
(der römischen Pfaffen) rasend Wüthen einen Fortgang haben sollte, so
dünkt mich, es wäre schier kein besserer Rath und Arznei ihm zu steuern,
denn daß Könige und Fürsten mit Gewalt dazu thäten und einmal des
Spieles ein Ende machten, mit Waffen, nicht mit Worten. So wir
Diebe mit Schwert, Mörder mit Strang, Ketzer mit Feuer strafen, warum
greifen wir nicht vielmehr an diese schädlichen Lehrer des Verderbens,
als Päpste, Kardinäle, Bischöfe und das ganze Geschwärm der römischen
Sodoma mit allerlei Waffen und waschen unsere Hände in ihrem Blute."

J. A. Lange schildert in seiner „Arbeiterfrage" diese Zustände in Deutschland: „Eine alle Begriffe übersteigende Grausamkeit und Willkür der Justiz that das ihrige, besonders in den Inquisitionen und Hexenprozessen und Allem, was mit dem herrschenden Aberglauben zu schaffen hatte. Die Gefängnisse waren entsetzliche Höhlen des Jammers und der Tyrannei, oft schlimmer als die martervollen Todesstrafen. Die Hinterbliebenen, denen ihr Versorger geraubt war, mochten sterben oder verderben. Die Sonne hat es gesehen, daß Herden halb verhungerter Kinder, deren Väter im Kriege geblieben waren, auf die Weide getrieben wurden, um Gras und Wurzeln zu fressen, bis sie vor Elend hinsanken."

Während dies der sociale Zustand der Leibeigenen ist, wogt allenthalben der Kampf um die Erblichkeit der Lehen. Fast die Hälfte des Grundbesitzes gehört der Kirche. In Frankreich zählte man im zehnten Jahrhundert ungefähr 4000 Familien vom alten Adel mit großen Lehen und 82 000 einfache Adelige mit kleinen Lehen. Von den 60 215 Ritterlehen Englands waren 28 115 im Besitze der Kirche. Die Kirche fand es in ihrem Interesse, von Zeit zu Zeit den bevorstehenden Weltuntergang zu verkünden und Jedermann beeilte sich, ihr sein Vermögen zu verschreiben, da ihm dieses keinen Nutzen mehr abwerfen konnte und er dafür die Schätze des Himmels sich erwarb. Insbesondere war das Jahr 1000 in dieser Beziehung sehr ergiebig und alle Schenkungen tragen die Clausel: advenante mundi vespero. Was für den Fall des Weltendes die Kirche mit allen den irdischen Gütern machen sollte, das scheint den frommen Spendern nicht viele Sorgen bereitet zu haben, während andrerseits die Kirche die Möglichkeit nicht ausgeschlossen zu haben scheint, daß das von ihr prophezeite Weltende doch vielleicht nicht in Erfüllung gehen wird, denn sie nahm alle Schenkungen dankbar an und behielt sie auch. Die Erblichkeit der Lehen wurde nach langen Kämpfen überall durchgesetzt, wenn auch bald die königliche Macht, wie in Frankreich, bald die Macht der Vasallen, wie in Deutschland, aus diesen Kämpfen gestärkt hervorging, oder auch beide Parteien geschwächt wurden, wie dieses in England der Fall war.

Es würde zu weit führen, den Gang dieser Kämpfe in den einzelnen Staaten zu schildern und zu zeigen, wie immer weitere Bevölkerungsschichten ihre Selbstständigkeit verloren. Während in den Continentalstaaten die Fesseln der Leibeigenschaft nur noch fester geschmiedet worden waren, war in England nach Entscheidung der Lehensfrage die Leibeigenschaft verschwunden und hatten sich Zustände herausgebildet, welche die Grundlage der socialen Gestaltung unseres heutigen Gesellschaftssystems abgeben.

Ich will es daher versuchen, die einzelnen Phasen dieses Kampfes, wie er auf englischem Boden ausgefochten worden ist, in Kürze zu schildern und hoffe auf Grund dieser Darstellung zeigen zu können, woher es kommt, daß die socialen Uebelstände in weit höherem Grade in England als in den Continentalstaaten sich fühlbar machen. Die Richtigkeit dieser Prämissen und Schlußfolgerung vorausgesetzt, wird sich mit Leichtigkeit nachweisen lassen, welchen Verhältnissen die heutigen Uebelstände hauptsächlich ihren Ursprung verdanken und einmal in Kenntniß des Grundübels werden wir in die Lage kommen, alle auf social=politischem Gebiete zur Bekämpfung dieses Uebels gemachten Vorschläge besser beurtheilen zu können.

Neben den 60 215 Ritterlehen, von denen, wie oben erwähnt, 28 115 im Besitze der Kirche waren, und den 1422 Besitzungen, über die der König unmittelbar verfügte, aus denen er einen Theil seiner Einkünfte zog, und mit welchen er von Fall zu Fall seine Getreuen zu belohnen pflegte, hatten die sächsischen liberi homines ihre Heimstätten als unbeschränktes Eigenthum — Allodialgüter — beibehalten und bildeten in der Mitte der oft rapid wechselnden Feudalbesitzer den eigentlichen Kern der Bevölkerung.

In dem Kampfe, der durch fast drei Jahrhunderte den englischen Boden verwüstete, und der wie überall um die Frage der Erblichkeit der Lehensgüter geführt wurde, verloren die liberi homines ihre Selbstständigkeit und gingen in den Gefolgschaften der Großen vollständig auf. Es lag im Interesse der Adelspartei, die kleinen Freigutsbesitzer ihrer Unabhängigkeit zu berauben und so die eigenen Schaaren im Kampfe gegen das Königthum zu stärken, und der Grundsatz des Feudalismus, daß Jedermann einen Herrn haben müsse, bot leicht den gewünschten Vorwand. Dieselbe Erscheinung finden wir auch in den Continentalstaaten, nur daß hier die Allodialbesitzer, ihres Eigenthums beraubt, zu Leibeigenen herabsinken, während sie in England, wie wir sehen werden, die Klasse der freien Proletarier vermehren. Selbstverständlich war das Interesse der Könige ein entgegengesetztes, und so finden wir schon in 20 Heinrich III. Cap. 3 u. 4 das Bestreben, die liberi homines gegen den Uebermuth der Barone in Schutz zu nehmen, indem ihnen gegen alle Gewaltakte ein Berufungsrecht an des Königs Gerichtshof eingeräumt wird.

Der wechselvolle Verlauf dieser Bürgerkriege ist bekannt. Könige wie Eduard I., Eduard III. und Heinrich V. führten die Zügel der Regierung mit mächtiger Hand und züchtigten die aufrührerischen Barone, unter Königen, wie Johann, Eduard II. und Heinrich VI. kannte der Uebermuth der Barone keine Grenzen. Das mächtige Scepter Eduard I kam in die schwachen Hände seines Sohnes und Nachfolgers, der segensreichen Herrschaft Eduard III. folgte die Anarchie unter Richard II. Der Sieg der einen Partei war gleichbedeutend mit dem Verderben der andern. Der Kampf der weißen und rothen Rose, schwächte beide Parteien. Bei Tewkesbury fiel Guy, Earl von Warwick; „der Königmacher" und „letzte der Barone" und mit ihm die Edelsten des Landes; die Blüthe des englischen Adels erlag unter den Streichen des argwöhnischen und eifersüchtigen Richard III., und verblutete auf dem Schlachtfelde von Bosworth.

Königthum und Adel gingen aus diesem Kampfe gleich geschwächt hervor, für die Nation selbst waren die Bürgerkriege von doppelter Wirkung. Hatten, wie wir gesehen, die Freigutsbesitzer ihre Selbstständigkeit eingebüßt, so hatten dafür die Leibeigenen ihre Freiheit gewonnen. Dasselbe Interesse, das die Großen veranlaßt hatte, die Freigutsbesitzer zu ihren Vasallen zu machen, nämlich um ihre Heersreihen zu verstärken, zwang sie auch, ihre Leibeigenen frei zu geben. Bei Ausgang der Bürgerkriege waren jene kleinen Grundbesitzer, die den Kern der Bevölkerung gebildet hatten, verschwunden, aber verschwunden waren auch alle Leibeigenen. In den Continentalstaaten jedoch war der Kampf zwischen Königthum und Adel, ohne Hinzuziehung der Leibeigenen, ausgefochten worden, die Leibeigenschaft blieb somit von diesem Kampfe unberührt, nur daß ihre Zahl, wie bereits erwähnt, durch die einstigen Allodialbesitzer vergrößert worden war. In England waren somit die früheren liberi homines Lehensmänner der Barone geworden und hatten für diese den Kampf gegen das Königthum ausfechten müssen. Das Bestreben Heinrich VII. war nun ausschließlich darauf gerichtet, die Macht der Adelspartei dadurch zu brechen, daß er ihr die Gefolgschaften nahm. Wie strenge das Verbot, von den Vasallen Heeresdienste zu beanspruchen, durchgeführt worden ist, beweiset das Schicksal des Grafen von Oxford, der die Courtoisie, seinen Souverain an der Spitze von 5000 Mann begrüßen zu wollen, mit einer Geldstrafe von £ 15 000 büßte. Bisher hatte die Grundrente, die an den Lehensherrn zu entrichten war, in den Kriegsdiensten bestanden, die der Vasall zu leisten hatte.

Da die Lehensherren nunmehr gehindert wurden, Kriegsdienste zu beanspruchen, so begannen sie, zumal an die Stelle des alten normännischen Adels, eine den Werth des Geldes höher anschlagende Nobility getreten war, die Grundrente in barem Gelde einzutreiben. Die einstigen Gefolgschaften waren aber nicht im Stande, die Grundrente in dieser neuen Form zu entrichten. Sie hatten zu keiner Zeit mit der Landwirthschaft sich viel abgegeben. Die nöthige Arbeit wurde von Leibeigenen oder gepreßten freien Arbeitern verrichtet, wie schon unter Richard II., der Lohn eines Arbeiters auf 4 d. pro Tag sammt Speise und Trank oder 6 d. ohne Speise und Trank festgesetzt und verordnet worden war, daß Jedermann unter diesen Bedingungen zu arbeiten verpflichtet war, widrigenfalls durch Gefängnißstrafen die Arbeit zum gesetzlichem Lohntarif zu erzwingen wäre.

Nun gab es keine Leibeigenen mehr, und die Arbeit des freien Arbeiters war theurer geworden. Das Band, das den Vasallen an seinen Lehensherrn geknüpft hatte: das gemeinsame Interesse, die gemeinsame Gefahr und die daraus entspringende gegenseitige Unterstützung, — war nunmehr entzwei geschnitten; der neue Lehensherr hatte keine persönlichen Rücksichten zu üben gegenüber seinen Vasallen, ja er hatte alle Ursache letztere, die Anhänger seines besiegten Gegners, als persönliche Feinde zu betrachten und demgemäß auch zu behandeln. Die einstigen liberi homines und späteren Vasallen wurden nicht, wie in den Continentalstaaten zu Leibeigenen gemacht, sondern erbarmungslos von Haus und Hof getrieben, ihre Wohn= und Wirthschaftsgebäude niedergerissen, Ackerfelder ganzer Grafschaften in Weideland verwandelt, und dadurch eine Armuth, ein allgemeiner Nothstand erzeugt, der in der Folgezeit nicht mehr zu beheben war. Wie rücksichtslos das Vorgehen der Lehensherren gewesen sein muß, geht aus dem Umstande hervor, daß Heinrich VII. der unmittelbare Urheber dieser Krisis, schon im vierten Jahre seiner Regierung sich gezwungen sah, Gegenmaßregeln zu ergreifen.

Wenn schon in frühern Zeiten die großen Grundbesitzer dem Ackerbau nicht hold gewesen zu sein scheinen, so mußten diese Uebelstände jetzt in nur noch verstärktem Maße auftreten. Die Politik Heinrich VII hatte den Grund und Boden von der auf ihn lastenden Kriegssteuer befreit, und diese Steuer auf die allgemeinen Einkünfte das Landes gewälzt, diese Politik hatte den reichen Grundbesitzern ein Geschenk gemacht, das die Gesammtbevölkerung zu zahlen hatte.

Als mit dem Gesetze 12 Charles II Kap. 24 alle Abgaben und Gebühren, die an den König von den Besitzern der Lehensgüter zu ent=

richten waren, aufgehoben und statt dieser eine Steuer auf Bier und Ale ausgeschrieben wurde, da waren die Lehen von allen bisher getragenen Lasten und zwar auf Kosten des Volkes vollständig befreit. Die Folgen dieser kurzsichtigen Politik ließen, wie wir gesehen, nicht lange auf sich warten. Parlamentsakte auf Parlamentsakte wurde erlassen, dem Uebel konnte nicht mehr abgeholfen werden. 4. Heinrich VII. Kap. 19 beschäftigt sich mit der Wiederaufrichtung und Instandhaltung der Wohngebäude, „widrigens der König oder sonstige Lehensherr die Hälfte der Einkünfte des Landgutes zur Wiederaufrichtung dieser Gebäude zu verwenden habe," und 7. Heinrich VII. Kap. 1 ordnet die Umwandlung des Weidelandes in Ackerland im früheren Umfange an.

Alle diese Verordnungen verfehlten aber, das gewünschte Resultat herbeizuführen, vielmehr sehen wir die Devastation des Landes rapiden Fortschritt nehmen. Zwei Momente waren es hauptsächlich, die dazu beitrugen, daß immer größere Länderstrecken dem Ackerbau entzogen wurden. Das erste Moment war das Aufblühen der Wollindustrie; das zweite, die Konfiskation der Kirchengüter unter Heinrich VIII. Wegen der lohnenden Schafzucht wurden nur noch größere Strecken Ackerlandes in Schaftriften verwandelt, ja sogar die Viehzucht vernachlässigt, und wir sehen die Gesetzgebung Heinrich VIII. auch gegen diesen Uebelstand kämpfen. Weitaus verhängnißvoller zeigten sich aber die Folgen der Konfiskation der Kirchengüter. Wie wir bereits gesehen haben, war ein großer Theil des Grund und Bodens Eigenthum der Kirche.

Die Kirche hatte zu allen Zeiten einen Theil ihrer Einkünfte zur Unterstützung der Armen und Leidenden verwendet, sie konnte auch nicht dem Beispiel der weltlichen Lehensherren folgen und ihre Vasallen der Landgüter berauben. Die Politik Heinrich VII. hatte somit auf die Kirchengüter keinen wesentlichen Einfluß ausgeübt. Als diese Kirchengüter jedoch konfiszirt und an Günstlinge Heinrich VIII. vertheilt wurden, trat sofort ein Umschwung in den früheren Verhältnissen ein. Die neuen Lehensherren zeigten sich den Vasallen der Kirche nicht rücksichtsvoller, als sie gegenüber den Gefolgschaften der weltlichen Lehensherren gewesen waren. Das Schauspiel, daß wir früher gesehen, wiederholte sich, ein weiterer Theil von kleinen Grundbesitzern wurde expropriirt, der Rest der Wohn- und Wirthschaftsgebäude niedergerissen, und abermals wurden ungeheure Strecken fruchtbaren Ackerlandes in Schaftriften verwandelt. Was Heinrich VII. begonnen, hatte Heinrich VIII. glücklich zu Ende gebracht. Selbstverständlich wurde gegen die Folgen des Uebels, das man selbst geschaffen, im Gesetzgebungswege tapfer angekämpft.

21. Heinrich VIII. ordnete das Aufziehen von Kälbern an, und zwar unter einer Strafe von 6 s. 8 d. (ungefähr £ 3 heutigen Werthes), während einer Zeit von 3 Jahren, welche Zeit durch 24 Heinrich VIII. auf weitere 2 Jahre verlängert wurde. Auch mußte nach letzterm Gesetz für jede 60 Acres Land ¼ Acre mit Flachs und Hanf angebaut werden. 25 Heinrich VIII. Cap. 13 beschränkte die Zahl der Schafe, die auf einem Landgute gehalten werden durften, auf 2000, für jedes weitere Stück war eine Strafe von 3 s. 4 d. zu entrichten, auch durfte niemand mehr als ein Pachtgut besitzen.

5 Eduard VI. Cap. 5 verordnet, daß im Jahre 1553 mindestens soviel Ackerland vorhanden sein müsse, als es zu irgend einer Zeit seit dem Gesetze I. Heinrich VIII. gewesen und zwar bei einer Strafe von 5 s. per Acre. 2 und 3 Philip und Mary Cap. 2 erläutert 4 Heinrich VII. Cap. 19 und ernennt eine Commission behufs Untersuchung, ob dieses Gesetz durchgeführt worden ist. 2 und 3 Philip und Mary Cap. 3 ordnet an, daß 1 Milchkuh und 1 Kalb für je 60 Schafe und 10 Ochsen gehalten werden müssen.

2 Elisabeth Cap. 2 bestätigt: 4 Heinrich VII. Cap. 19; 7 Heinrich VIII. Cap. 1; 27 Heinrich VIII. Cap. 22; 27 Heinrich VII. Cap. 18; und verordnet: daß alle Gebäude, die zu den confiscirten Kirchengütern gehört hatten, wieder aufgerichtet und daß alles Land, das durch 4 aufeinander folgende Jahre seit irgend welchem Zeitmonate vom 20 Heinrich VIII. gerechnet als Ackerland benützt worden war, auch fernerhin als solches angebaut werden müsse und zwar bei einer Strafe von 10 s. per Acre.

31 Elisabeth Cap. 7 ordnet an, daß jedem Wohnhause (cottage for habitation or dwelling) bei dessen Errichtung wenigstens 4 Acres Grundstück, in der Nähe gelegen, zugewiesen werden müssen, und zwar bei einer Strafe von £ 10.

Da diese ganze Gesetzgebung nicht gegen den Grundsitz des Uebels, sondern gegen die Folgen desselben gerichtet war, so ist deren Wirkungslosigkeit leicht zu erklären.

Die Massen des Proletariats wuchsen immer mehr an und es wurden immer härtere Bestimmungen gegen das überhand nehmende Vagabundenwesen erlassen. Erst unter Elisabeth fing man an, gegen diese Opfer der Habsucht der Großen humaner zu fühlen, wenn auch noch jährlich 300—400 Vagabunden am Galgen starben. Unter Heinrich VIII. wurden während der 36 Jahre seiner Regierungszeit 72 000 oder jährlich durchschnittlich 2000 Vagabunden hingerichtet. Die drückendste Last in England, die sog. Armensteuer (poor-tax.) verdankt ihre Entstehung diesen Verhältnissen, und ungefähr 8 Millionen Pfund werden jährlich zur Erhaltung einer Million Proletarier, fast 4 pCt. der Gesammtbevölkerung, verausgabt.

Aus dem Gesagten ergiebt sich somit, daß in England nach der alten arischen Verfassung ursprünglich das Volk, resp. [der König, als dessen Repräsentant, Eigenthümer des gesammten Grund und Bodens war, daß die mächtigen Vasallen sich das Sondereigenthumsrecht nach langen und heftigen Kämpfen errangen, daß jedoch die kleinern Vasallen und frühern Leibeigenen von dem von ihnen besessenen Grund und Boden zwangsweise vertrieben, und da ihnen keinerlei Vergütung für die ihnen geraubten Rechte gewährt worden war, in freie Proletarier umgewandelt wurden, von denen ein Theil in der aufblühenden Industrie Beschäftigung und Ernährung fand, der Rest jedoch auf Kosten des Staates fortwährend erhalten werden muß. In Frankreich blieb das Feudalwesen bis zum Ausbruche der großen Revolution, in Deutschland, Oesterreich und Rußland noch darüber hinaus bestehen. In Frankreich wurden die confiscirten Güter der Kirche und der weltlichen Großen in Loose vertheilt, und fast die Hälfte der Gesammtbevölkerung dadurch in die Lage versetzt, den Besitz von Grund und Boden zu erwerben; in Deutschland, Oesterreich und Rußland wurde bei Aufhebung der Leibeigenschaft den früheren Leibeigenen ein entsprechender Theil von Grund und Boden zugewiesen und die Grundherren durch Indemnisationen theilweise vergütet. In der Schweiz und in Belgien erhielten sich die kleinen Grundbesitzer trotz aller Ungunst der Zeiten. In der Schweiz entfallen 74 Grundeigenthümer auf je 100 Familien; die durchschnittliche Größe eines Grundbesitzes in Belgien beträgt 3½ Hektar. Wenn demnach die socialen Uebelstände in England greller als in den Continentalstaaten zu Tage treten, so liegt dem Gesagten zufolge der Grund hierfür in dem Umstande, daß man, als die Leibeigenen durch die Macht der Umstände ihre persönliche Freiheit errungen hatten, nicht dafür sorgte, daß auch ein Theil des Bodens, den sie bewohnten und von dem sie bisher gelebt hatten, ihnen als der ihnen gebührende Antheil zugewiesen werde.

Da derselbe Fehler in Bezug auf die Landbevölkerung zum Theile und in Bezug auf die städtische Bevölkerung im vollen Umfange in den europäischen Staaten begangen wurde, so bemerkt Dr. H. v. Scheel in seiner „Theorie der socialen Frage" ganz treffend: „Während in der politischen Organisation die geschichtlich gewordenen Grundverhältnisse, die Regierungsform, der Ständeunterschied, das ganze System von Rechten und Pflichten vernichtet und von Grund aus neu gebaut werden, bleiben für die wirthschaftliche Gesellschaft die geschichtlich gegebenen Grundsätze bestehen: nämlich die Besitzverhältnisse und die Eigenthumsverfassung."

„Die jetzt (nach der französischen Revolution) rechtlich für frei erklärten Leibeigenen, Hörigen, Zunftgesellen und Lehrlinge befanden sich faktisch mittellos den in den Händen der Besitzenden angehäuften Kapitalien gegenüber (Lassalle)."

Aus diesem Grunde wird von vielen Seiten als Radicalmittel gegen die ungleiche Vertheilung der Güter in erster Linie eine gleichmäßige Vertheilung von Grund und Boden oder, wie von Henry George, die Aufhebung des Privateigenthumsrechtes an Grund und Boden vorgeschlagen. Erwägt man jedoch, daß im heutigen wirthschaftlichen Leben der Völker Grund und Boden nicht mehr diesen hervorragenden Platz einnimmt, wie früher, so muß man zur Ueberzeugung gelangen, daß mit der Durchführung dieser Maßregel nur eine theilweise Lösung des socialen Räthsels erfolgen könnte, abgesehen davon, daß gegen diese Maßregel alle jene Bedenken erhoben werden können, welche gegen eine derartige in Privatrechte eingreifende Lösung der socialen Frage überhaupt geltend gemacht werden.

Es ist von hervorragenden Männern der Wissenschaft wiederholt die Frage aufgeworfen worden, woher es kommt, daß das Elend der leidenden Menschheit nie so tief empfunden wurde wie jetzt, trotzdem dieses Elend in frühern Zeiten viel drückender gewesen sein mußte.

Nach Roscher müssen drei Hauptbedingungen für die Entstehung communistisch-socialistischer Bewegung zutreffen: 1. Ein schroffer Gegensatz zwischen Arm und Reich nach dem Untergange des Mittelstandes. 2. Geltung der Massen bei demokratischer Staatsverfassung. 3. Eine Aufregung der Begehrlichkeit der Massen durch vorausgegangene Beschmeichlung des Volkes.

F. A. Lange giebt für diese Erscheinung nachstehende Beweggründe an: 1. Entwöhnung von Gräueln, größere Ruhe und größere Bildung steigern die Ansprüche des Lebens. 2. Gleichmäßigkeit des Druckes ist für das Gemüth unerträglicher als das ewige Spiel von Furcht und

Hoffnung in frühern Zeiten. 3. Abgeschiedenheit des Arbeiterstandes von den andern Elementen der Gesellschaft, welche ihm zugleich die Theilnahme an all den Genüssen der Cultur entzieht.

Dr. H. v. Scheel wiederum sieht in der socialen Frage der Gegenwart „den zum Bewußtsein gekommenen Widerspruch der volkswirthschaftlichen Entwicklung mit dem als Ideal vorschwebenden und im politischen Leben sich verwirklichenden gesellschaftlichen Entwicklungsprincip der Freiheit und Gleichheit."

Lord Macaulay theilt in seiner Geschichte Englands ein Arbeiterlied aus Karls II. Zeiten mit, in welchem die damalige Lage des Arbeiters bejammert wird. Wenn die Arbeiter, heißt es darin, sich beklagen, daß sie nicht leben können, so sagt man ihnen, sie sollen die Arbeit nur lassen. Und so wären sie, die eigentlichen Producenten, gezwungen, um geringen Lohn zu arbeiten, früh aufzustehen und spät zur Ruh' zu gehen, während ihr Meister, der nur ißt und nichts thut, durch die Anstrengungen der Arbeiter Reichthümer ansammelt. Dem Meister werden folgende Worte in den Mund gelegt:

> „In former ages we used to give,
> So that our workfolks like farmers did live;
> But the times are changed, we will make them know.
> . . . .
> We will make them to work hard for six pence a day.
> Though a shilling they deserve if they had their just pay;
> If at all they murmur and say'tis too small,
> We bid them choose whether they'll work at all.
> And thus we do gain all our wealth and estate,
> By many poor men that work early and late.
> Then hey for the clothing trade! It goes on brave!
> We scorn for to toyl and moyl, nor yet to slave.
> Our workmen do work hard, but we live at ease,
> We go when we will, and we come when we please."

„Das Uebel," bemerkt Macaulay hierzu, „ist alt, neu ist nur die Intelligenz, welche es wahrnimmt und die Humanität, welche ihm Abhilfe gewähret."

Professor Adolf Wagner äußert sich über diese Frage dahin, daß die Vortheile der technischen Fortschritte in der Produktion, wenigstens im höherm Maße, den Kapitalisten und Unternehmern als den Arbeitern zu Gute kommen, daß dadurch die Klassenlage der Arbeiter relativ sich verschlechtert, selbst wenn sich ihre absolute Lage, wie im Allgemeinen nicht zu leugnen ist, verbessert, und daß die Kluft zwischen ihnen und den höhern Klassen größer wird."

Meiner Ansicht nach ist die Frage, warum die sociale Ungleichheit heute mehr als je die öffentliche Aufmerksamkeit in Anspruch nimmt, ganz ungerechtfertigt, denn so weit wir in die Geschichte zurückblicken können, finden wir alle Völker mit der Erörterung dieser Frage fortwährend beschäftigt.

Diese Erörterung hat sich zu allen Zeiten nicht bloß auf akademische Abhandlungen beschränkt, sie hat in den Sklavenaufständen des Alterthums und in den Bauernaufständen des Mittelalters und der Neuzeit eine überaus beredte Sprache gesprochen. Neu ist nicht das Uebel, neu ist auch nicht die Erörterung des Uebels, neu ist nur, daß diese Erörterung auf parlamentarische Redeschlachten, zündende Worte der Volksredner und Abhandlungen gelehrter Nationalökonomen sich beschränkt, die einzelnen Schandthaten unserer Anarchisten verschwinden gegenüber den Gräuelscenen in den Volksaufständen früherer Jahrhunderte. Ich würde diese friedliche Richtung hauptsächlich zwei Umständen zuschreiben: 1. daß die sociale Frage durch die erfolgte Lösung der einen Seite derselben, nämlich durch die erlangte politische Gleichberechtigung Aller, ihren früheren acuten Charakter verloren hat; und 2. daß die immer besser sich gestaltende Lebensstellung (standard of life) des Arbeiters, welche ihm die Erlangung eines höhern Bildungsgrades ermöglicht, die friedliche Erörterung und den Versuch einer friedlichen Lösung der socialen Frage dem Arbeiter selbst wünschenswerther macht, als den Appell an die Macht.

Deshalb halte ich auch das Verbot der Erörterung socialer Fragen in Wort oder Schrift für eine unpolitische Maßregel, die eher geeignet ist, das Uebel zu verschärfen als es einzudämmen.

VII.

Während die Beglückungstheorien aller Zeiten nichts als dichterische Träume waren, ein Umhertasten im Reiche der Phantasie, ohne reelle Grundlage, ohne Halt in der Wirklichkeit, nehmen die Vorkämpfer des

Socialismus das bestehende Gesellschaftssystem zu ihrer Operationsbasis; die Mängel desselben, die sie mit unleugbarer Virtuosität aufdecken, geben das Angriffsobjekt ab, und die Gesetze jener Wissenschaft, die bisher als das festeste Bollwerk dieses Systems angesehen zu werden pflegten, liefern ihnen die Waffen, die sie mit logischer Schärfe zuspitzen und mit meisterhafter Gewandtheit handhaben. Plato's Republik, Morus' Utopia, Campanella's Sonnenstaat werden mit Recht als Staatsromane bezeichnet, aber auch die französische und englische Schule gefallen sich in jugendlicher Schwärmerei, in unsteten Versuchen, mit schönklingenden Phrasen die innere Hohlheit verdeckend. Hatte James Lauderdale (Inquiry into the nature and the origin of public wealth 1804) gegenüber jener vielgerühmten Interessenharmonie Smith's die Wichtigkeit einer richtigen Vermögensvertheilung betont, hatte Simonde de Sismondi (Nouveaux principes d'économie politique 1819) mit dichterischer Begabung die Mängel der freien Concurrenz bloßgestellt: so verlangte Bazard, Saint-Simon's begabter Schüler, gegen die exploitation de l'homme par l'homme ein Erbrecht des Verdienstes, und Louis Blanc das Eingreifen des Staates als des gewaltigsten Kapitalisten, in das wüste Treiben der Privatconcurrenz. Das Auftreten Carl Marx's und Ferdinand Lassalle's macht dem unsichern, seiner selbst sich nicht bewußten Herumtasten ein Ende, und giebt den planlos herumirrenden Bestrebungen ein festes Objekt. —

Smith's Behauptung, daß die Arbeit Werthe schaffe, Malthus' Populationsgesetz, Ricardo's ehernes Lohngesetz, alle diese Errungenschaften der Nationalökonomie werden von Marx und Lassalle vollinhaltlich acceptirt, erläutert und ausgedehnt. Diese Gesetze und insbesondere die beiden letzteren hatten aber nicht nur dazu gedient, die Vorgänge im Wirthschaftsleben der Völker zu erklären, da sie ja diesem Leben entnommen, aus ihm gefolgert worden waren, sie waren auch zum Range von Naturgesetzen erhoben, als bequemer Rechtfertigungsgrund für die bestehenden socialen Uebelstände von den Besitzenden mit Jubel begrüßt worden, und, „die Vertreter dieses Standpunktes gingen höchstens mit einem kühlen Achselzucken über alle Noth und alles Elend hinweg, zufrieden, wie selbst die Times einmal spöttelte, wenn nur die Welt nach ihren Prinzipien zu Grunde gehe (A. Wagner)." —

Marx hatte nachgewiesen, daß das Eigenthumsrecht ein Produkt zufälliger und geschichtlicher Entwicklung, d. h. eine historische Kategorie ist, und Lassalle gelangte in seinem System der erworbenen Rechte zur

Schlußfolgerung, daß jedes Gesetz rückwirken dürfe, welches das Individuum nur dadurch trifft, daß es die Gesellschaft selbst in ihren organischen Institutionen ändert. Dieses „System" ist in Bezug auf den juristischen Werth und die juristische Bedeutung von Savigny durch das Urtheil, daß seit Donellus so ein Buch nicht geschrieben worden ist, gebührend anerkannt, der Einfluß aber, den es auf die socialistische Bewegung ausgeübt hat, ist bis jetzt unterschätzt oder doch nicht gehörig gewürdigt worden. Wenn das Eigenthumsrecht eine historische Kategorie ist, so kann es in seiner weiteren Entwicklung abgeändert, ja in seiner gegenwärtigen Form als Parteieigenthum gänzlich aufgehoben werden, und die Bestrebungen, derartige Abänderungen herbeizuführen, verstoßen weder gegen ein Naturgesetz noch gegen die gesellschaftliche Ordnung. Wenn wiederum ein Gesetz, welches die Gesellschaft in ihren organischen Institutionen ändert, die Individuen rückwirkend treffen darf, so entbehren alle selbstverständlich in den Grenzen des bestehenden Gesetzes, auf Abänderung oder Aufhebung der Eigenthumsverhältnisse abzielenden Bestrebungen ebenso wenig der gesetzlichen Grundlage und sind ebenso wenig revolutionäre Bestrebungen, wie eine im Rahmen des Gesetzes auf Abänderung der politischen Verfassung entstandene Strömung. —

Damit war aber auch das eherne Lohngesetz Ricardo's seiner Würde als Naturgesetz entkleidet, es war nichts mehr als eine nothwendige Folge der bestehenden socialen Verhältnisse, und „grausam" wie dieses muß auch ein Gesellschaftssystem sein, aus dem derartige Gesetze sich herausbilden konnten.

Nach Karl Marx, der auf der Hegel'schen Entwicklung in Gegensätzen und deren Ausgleichen fußt, folgte der Periode der Vereinigung von Arbeitskraft und Produktionsmitteln, d. i. dem zersplitterten Privateigenthum die Periode der kapitalistischen Produktionsweise, d. i. der Trennung von Arbeitskraft und Produktionsmitteln, der Expropriation des kleinen Besitzers, Schöpfung der gesellschaftlichen Arbeit. Das kapitalistische Privateigenthum ist die Negation des individuellen. Die Negation der kapitalistischen Produktion wird durch sie selbst mit der Nothwendigkeit eines Naturprocesses producirt, dieser Periode müsse die Vereinigung der Arbeitskraft und Produktionsmittel, jedoch auf Basis gemeinschaftlichen Eigenthums, folgen, die Expropriateurs werden expropriirt werden — Negation der Negation. „Und die Expropriation weniger Usurpatoren durch die Volksmasse ist leichter als die Expropriation der Volksmasse durch wenige Usurpatoren."

Der Anfang dieser „kapitalistischen Produktionsweise" wird in das 16. Jahrhundert verlegt, als die Schätze beider Indien nach Europa strömten und daselbst den Grund legten zur Herrschaft des Kapitals. Hatte bis dahin jeder Handwerker seine eigenen Produktionsmittel besessen, jeder Landbebauer sein eigenes Grunstück bearbeitet, so werden ihnen nunmehr durch die mächtige Concurrenz des Kapitals, welches die gesellschaftliche Arbeit ermöglicht, diese Werkzeuge und dieses Grundstück entrissen, Arbeiter und Bauer werden vom Kapitalisten expropriirt. Diese Expropriation bleibt aber dabei nicht stehen; es beginnt der Kampf des Kapitals gegen das Kapital, das kleinere muß naturgemäß unterliegen, alle Produktionsmittel werden mit der Zeit in der Hand „weniger Usurpatoren" vereinigt. Dann folgt die Reaktion, die Expropriation der Expropriateurs — der Zukunftsstaat der Socialdemokratie. —

„Die Form der Arbeit Vieler," sagt Marx, „die in demselben Produktionsproceß oder in verschiedenen aber zusammenhängenden Produktionsprocessen planmäßig neben und mit einander arbeiten, heißt Kooperation. Diese auf Theilung der Arbeit beruhende Kooperation schafft sich ihre klassische Gestalt in der Manufactur. Als charakteristische Form des kapitalistischen Produktionsprocesses herrscht sie vor während der eigentlichen Manufacturperiode, die, rauh angeschlagen, von Mitte des 16. Jahrhunderts bis zum letzten Drittheil des achtzehnten währt. Marx zeigt nun, wie zu Beginn dieser Zeitperiode die großen englischen Grundbesitzer ihren Vortheil darin fanden, Ackerland in Weidetriften zu verwandeln, wie späterhin das Aufblühen der flandrischen Wollmanufactur den Rest des Ackerlandes, das zu Schafweiden umgewandelt wurde, verschlang, wie in Folge dessen die große Mehrzahl der Bevölkerung, die vom Ackerbau gelebt hatte, expropriirt und eine ungeheure Masse von Vagabunden geschaffen wurde, die obdachlos und ohne Subsistenzmittel elendiglich zu Grunde gingen, so daß Thomas Morus in seiner Utopia von jenem sonderbaren Lande erzählen konnte, „wo die Schafe die Menschen auffraßen." Ich glaube jedoch im vorhergehenden Kapitel den Beweis erbracht zu haben, daß die Expropriation der kleinen Grundbesitzer in England und die Schaffung des Vagabundenwesens nicht dem „Kapital" zur Last zu schreiben ist. Nur die ausnahmsweise Entwicklung der politischen Verhältnisse und insbesondere die verhängnißvolle Politik Heinrichs VII. und Heinrichs VIII. haben jenen socialen

Zustand geschaffen, der Karl Marx die Waffen zu einem Feldzug wider das „Kapital" geliefert hat.

Karl Marx erhebt die Behauptung Smith's, daß Arbeit Werthe schafft, zur allgemeinen Regel, zeigt, wie das Kapital in der weitesten Bedeutung dieses Wortes, nämlich auch den Unternehmergewinn umfassend, durch Aufsaugung eines Theiles der Arbeit entsteht und immer mehr heranwächst, wie diese Arbeit, der einzige produktive Faktor, bei der Vertheilung der Güter vergewaltigt wird und gleichsam leer ausgeht, und wird in Folge seiner scharfen Dialektik, seiner großen Gelehrsamkeit und Belesenheit der wissenschaftliche Begründer der Wirthschaftslehre der leidenden Klassen, des Socialismus. Wenn wir Marx den wissenschaftlichen Begründer des Socialismus nennen, so adoptiren wir nur die allgemeine Anschauung, eine nähere Untersuchung der Sachlage wird uns zeigen, ob und in wie ferne diese Anschauung eine begründete ist. Zum bessern Verständnisse geben wir die wichtigsten Grundlagen, auf denen Marx den „Produktionsproceß des Kapitals" aufgebaut: „Als Gebrauchsgegenstände sind die Waaren körperlich verschiedene Dinge. Ihr Werthsein (d. i. ihr Bestehen als Tauschwerke) bildet ihre Einheit. Diese Einheit entspringt nicht aus der Natur, sondern aus der Gesellschaft. Die (den Tauschwerthen) gemeinsame gesellschaftliche Substanz, die sich in verschiedenen Gebrauchswerthen nur verschieden darstellt, ist die Arbeit. Als Werthe sind die Waaren nichts als krystallisirte Arbeit. Der Tauschwerth jeder Waare wird bestimmt durch das Quantum der in ihrem Gebrauchswerthe materialisirte Arbeit, durch die zu ihrer Produktion gesellschaftlich nothwendige Arbeitszeit."

Rodbertus-Jagetzow hatte bereits 1850 in den „Socialen Briefen" an von Kirchman den von Adam Smith in die Wissenschaft eingeführten und von der Ricardo'schen Schule noch tiefer begründeten Satz: „Daß alle Güter wirthschaftlich nur als Produkt der Arbeit anzusehen sind, nichts als Arbeit kosten", konsequent durchgeführt und nachgewiesen, daß der Pauperismus nur daraus entspringt, daß bei steigender Produktivität der gesellschaftlichen Arbeit der Lohn der arbeitenden Klassen ein immer kleinerer Theil des Nationalproduktes wird.

Auch Marx geht von dieser Prämisse aus.

Ist es nun richtig, daß die Güter nichts als Arbeit kosten? Mit Rücksicht auf das bestehende Gesellschaftssystem, welches das Privateigenthum an Produktionsmitteln anerkennt und in welchem erst der „Unternehmer unfertige Arbeitswerthe tauschwerth macht" (Schäffle), ist diese Frage unbedingt zu verneinen. Anders freilich würde sich die Sachlage gestalten, wenn bei gemeinschaftlichem Eigenthum an den Produktionsmitteln „ein Ministerium für öffentliche Arbeiten" die Dienste des Unternehmers verrichten würde, d. h. im communistischen Staatswesen. Nun geht aber Marx nicht vom communistischen Staate aus und schreibt auch nicht für diesen den Produktionsproceß des Kapitals, sondern gelangt durch letztern zum erstern. —

Der Produktionsertrag hat unter sämmtliche Produktionsfaktoren vertheilt zu werden. Diese Produktionsfaktoren aber sind außer der Arbeit: der Grund und Boden, das Kapital und der Unternehmer. Wenn nun Marx das ganze Erträgniß der Arbeit zuwenden will, so muß er das Eigenthumsrecht an Grund und Boden, am Kapital und die Thätigkeit des Unternehmers negiren. Dies kann er aber nur, wenn er den communistischen Staat zum Ausgangspunkte nimmt. Prämisse und Schlußfolgerung erscheinen somit identisch, Marx geht vom communistischen Staatswesen aus, und gelangt am Ende seines Werkes wiederum zu demselben, es ist ein circulus vitiosus, in dem er sich bewegt. Giebt man die Prämisse zu, so folgt natürlich alles weitere von selbst, ist aber keine Schlußfolgerung im logischen Sinne, sondern einzig und allein eine nähere Erklärung der Prämisse. Wenn die Waare nichts als „krystallisirte Arbeit" ist, so hat selbstverständlich diese Waare der Arbeit zuzufallen, und jeder Werththeil, der auf Rente, Zins oder Unternehmergewinn verwendet wird, und wäre derselbe noch so gering, ist ein Raub und eine Prellerei verübt an der Arbeit. Die weitschweifige Erklärung für den „Mehrwerth" oder die „sur plus value", welche das Kapital aufsaugt, war daher ganz überflüssig, und wenn Marx auf die Auffindung dieser sur plus value besondern Stolz zu legen scheint, so verkürzt er dadurch nur sein Verdienst um die früher erwähnte Prämisse, und die Einkleidung dieser Theorie in die bekannte Formel $C = c + v + m$ (in der das C das Kapital, c das Produktionsmittel, v die Arbeitskraft und m den Mehrwerth oder die sur plus value darstellt) ändert nichts an der Sachlage und verleiht auch der Theorie keinen höhern Werth, als diese an und für sich bereits hat. Dasselbe Bewandtniß hat es auch mit den übrigen mathematischen Formeln. Die Formel für die Waarencirculation ist: $W - G - W$, d. h. ich veräußere eine Waare (Gebrauchswerth) W für ein bestimmtes Entgelt G und mit diesem Erlöse kaufe ich eine andere Waare (Gebrauchswerth) W. Das Nationalvermögen hat durch diese Transaction keinerlei Aenderung erlitten, nur daß die

Gebrauchswerthe die Hände gewechselt haben. Anders soll es sich aber mit der Geldcirculation verhalten. Ich kaufe für Geld G die Waare W und veräußere diese Waare W um einen bestimmten Betrag G_1, welcher Betrag G_1 mehr Geld enthalten muß als der ursprüngliche Kaufpreis G (G — W — G_1, wobei $G_1 = G + \Delta G$. —

Nun behauptet Marx (Kapital S. 140), daß mit Bezug auf den Gebrauchswerth gesagt werden kann, daß der Austausch eine Transaction ist, worin beide Theile gewinnen. Wenn ich also einen günstigen Tausch abschließe, so erhalte ich für meine Waare eine andere, die einen größeren Gebrauchswerth repräsentirt, d. h. die Formel W—G—W kann unter Umständen in die Formel W—G—W_1, wobei $W_1 = W + \Delta W$ übergehen, und bei oft wiederholtem Umsatze kann ich den Werth meiner Waare ebenso vergrößern, wie dies bei der Geldcirculation mit der Waare G geschieht. Dagegen behauptet nun Marx, daß die einfache Circulation — der Verkauf für den Kauf — zum Mittel dient für einen außerhalb der Circulation liegenden Endzweck, die Aneignung von Gebrauchswerthen, die Befriedigung von Bedürfnissen; die Circulation des Geldes dagegen als Kapital sei Selbstzweck, die Bewegung des Kapitals sei maßlos. „Dieser absolute Bereicherungstrieb, die leidenschaftliche Jagd auf den Tauschwerth ist dem Kapitalisten mit dem Schatzbildner gemein, aber während der Schatzbildner nur der verrückte Kapitalist ist, ist der Kapitalist der rationelle Schatzbildner. Die rastlose Vermehrung des Tauschwerthes, die der Schatzbildner anstrebt, indem er das Geld vor der Circulation zu retten sucht, erreicht der klügere Kapitalist, indem er es stets von Neuem der Circulation preisgiebt. (Das Kapital S. 136.)" Es dürfte jedoch Jedermann klar sein, daß dieser Unterschied kein principieller ist, denn es liegt in meinem Willen, ob ich den eingetauschten Gegenstand selbst verbrauchen, oder aber als weiteres Tauschmittel gebrauchen will, gerade wie ich den erhaltenen Mehrwerth in Geld für meine persönlichen Bedürfnisse verwenden oder als Kapital benutzen kann. Der Umstand, daß die Waarencirculation nicht so leicht und nicht so oft vor sich gehen kann, dürfte gleichfalls nicht von principieller Bedeutung sein. Diese Einwendungen sieht Marx voraus und begegnet ihnen mit der Behauptung, daß es nur eine Waare giebt, aus welcher das Geld mehr Geld herausschlagen kann, nämlich die menschliche Arbeitskraft, und deshalb läßt er das Kapital durch Aufsaugung eines Theiles („Mehrwerth" „sur plus value") dieser Arbeitskraft heranwachsen. —

Die Behauptung, daß es nur eine Waare gebe, aus der der

Kapitalist mehr Geld herausschlagen kann, als er in sie hineinlegt, steht aber mit Marx's früherer Behauptung, daß der Austausch eine Transaction ist, worin beide Theile gewinnen (Das Kapital S. 140) im Widerspruche. Denn ich kann die Waaren beider tauschlustigen Parteien an mich bringen, und dadurch beide Theile veranlassen, einen Theil ihres durch den Tausch zu erzielenden Gewinnes an mich abzutreten, welche Intervention bei der ausgebildeten Industrie der Gegenwart unentbehrlich geworden ist. "Die Unternehmerschaft, welche aus dem Kapital den Werth der noch nicht gebrauchswerthen Arbeitswirkungen im Lohne vorlegt, ist eine Wohlthat und eine Nothwendigkeit, wenn man nicht auf die Arbeits= theilung, auf die ökonomische Cultur verzichten will", und „ist eine für den Arbeiter vortheilhafte Wirkung. (Schaeffle.)" Der Unternehmer geht aber bei Marx im Kapitalisten auf: „Der Kapitalist ist nicht Kapitalist, weil er industrieller Leiter ist, sondern er wird industrieller Leiter, weil er Kapitalist ist. Der Oberbefehl in der Industrie wird Attribut des Kapitals, wie zur Feudalzeit der Oberbefehl in Krieg und Gericht Attribut des Grundeigenthums war." —

Der Marx'sche Productionsproceß beruht auf dessen Werththeorie und man mag die eine oder die andere in Untersuchung ziehen, man erhält immer dasselbe Resultat, nämlich, daß Marx von dem ausgeht, was er erst zu beweisen hat. —

„Man mag an Karl Marx's Buche über das Kapital", sagt Treitschke („Der Socialismus und seine Gönner"), „die große Belesenheit bewundern und den Talmudistenscharfsinn im Zerspalten und Zerfasern der Begriffe —, das Eine, was den Gelehrten macht, fehlt ihm doch gänzlich: das wissenschaftliche Gewissen. Hier ist keine Spur von der Bescheidenheit des Forschers, der im Bewußtsein des Nichtwissens an seinen Stoff herantritt, um unbefangen zu lernen; was bewiesen werden soll, steht für Marx von Haus aus fest". Hätte der gelehrte Professor gesagt, „was bewiesen werden soll, nimmt Marx bereits zu seinem Aus= gangspunkte", so wäre der Vorwurf ein gerechter, aber Marx einen Vor= wurf daraus zu machen, daß er wußte, was er zu beweisen hatte, zeigt, daß Treitschke diesen Angriff auf Marx im „Bewußtsein des Nichtwissens" unternommen hatte. Wenn nun der theoretische Theil von Marx's Lehre vor einer unparteiischen Kritik nicht Stand hält, wenn auch der historische Theil, wie wir gezeigt haben, im Widerspruch steht mit den durch die Geschichte uns überlieferten Thatsachen, woher kommt es, daß Marx unbestritten als der Begründer des wissenschaftlichen Socialismus ange=

sehen wird? Die Antwort ist die, daß Karl Marx, wie bereits angedeutet, den phantastischen Träumen früherer Zeiten ein festes Ziel gesetzt, aus dem Chaos zielloser Bestrebungen die Grundlagen für den socialdemokratischen Zukunftsstaat gewonnen, und diese zukünftige Staatslehre wissenschaftlich begründet hat. —

Wir werden sehen, daß an der Lösung dieses Problems selbst Lassalle scheiterte.

D. Ricardo (The principles of political economy and taxation 1817) unterscheidet zwischen dem natürlichen und wirklichen Preise eines Dinges. Der natürliche Preis besteht in der Arbeitsmenge, die erfordert wird, um ein Gut hervorzubringen, der wirkliche Preis oder Marktpreis hängt von Angebot und Nachfrage ab, kann sich aber nur auf kurze Zeit vom natürlichen Preise entfernen. Diese Grundsätze auf die Arbeit selbst angewendet, ergeben, daß der Arbeitslohn sich auf die Dauer nicht über das Minimum der Lebensbedürfnisse des Arbeiters erheben kann.

Lassalle sagt den Arbeitern: „Es giebt ein ehernes Gesetz, welches bestimmt, daß der Arbeitslohn für die arbeitenden Klassen sich — gleichsam in Pendelschwingungen — immer um die niedrigste Stufe dessen herumbewegt, was nach Maßgabe der üblichen Lebensweise gerade noch zur Lebensnoth ausreicht;" und ruft deshalb im Gerichtssaale seinen Richtern zu: „Von zwei Dingen Eines. Entweder lassen sie uns Cyperwein trinken und schöne Mädchen küssen, also nur dem gewöhnlichen Genußegoismus fröhnen, oder aber, wenn wir von Staat und Sittlichkeit sprechen wollen, so lassen Sie uns alle unsere Kräfte der Verbesserung des dunklen Looses der unendlichen Mehrheit des Menschengeschlechtes weihen, aus deren nachtbedeckten Fluthen wir Beisitzende nur hervorragen wie einzelne Pfeiler, gleichsam um zu zeigen, wie dunkel jene Fluth, wie tief ihr Abgrund sei."

Lassalle steht auf Marx'schem Grunde, wenn er behauptet, daß Gemeinsamkeit in der Produktion und äußerster Individualismus in der Vertheilung den tiefen Widerspruch in der heutigen Gesellschaft bildet, und folgerichtig hätte ihn seine im „System der erworbenen Rechte" entwickelte juristische Theorie verbunden mit dieser nationalökonomischen Anschauung zur Gemeinsamkeit in der Vertheilung, d. i. zum Communismus führen sollen. Daß Lassalle diesen Schritt nicht gethan, daß er den Communismus nicht befürwortet, darin liegt das charakteristische Unterscheidungsmoment zwischen ihm und Karl Marx. Man hat diese Inconsequenz in Lassalle's agitatorischer Thätigkeit von verschiedener

Seite auf verschiedene Weise zu erklären sich bestrebt. Der Communismus, sagte man, negire in seiner Nivellirungssucht auch die Nationalität und Lassalle sei zu sehr Patriot gewesen, um derartigen Bestrebungen Vorschub zu leisten. Lassalle, behaupten andere, wäre ein viel zu praktischer Kopf gewesen, als daß er nicht eingesehen haben sollte, daß der Communismus undurchführbar sei, und Lassalle sei es mit der ganzen Arbeiterbewegung nie Ernst gewesen, behaupten wiederum manche, er habe nur selbstsüchtige politische Ziele verfolgt, die Arbeiterfrage war für ihn Mittel zum Zweck. „Niemals hat in einem modernen Großstaate ein einfacher Privatmann um persönlicher Gelüste willen ein so großes und leider auch folgenreiches Spiel mit den wichtigsten Interessen des Volkes spielen können und gespielt. (Franz Mehring: Die deutsche Socialdemokratie)."

Die erste Behauptung, der Communismus widerstrebe jeder Nationalität, ist eine petitio principii, und ist es vielmehr ein Grundsatz der Socialdemokratie, daß erst im communistischen Staatswesen die wahre auf Sprache und Charaktereigenthümlichkeiten basirte Nationalität in den einzelnen Völkergruppen ungehindert durch politische und anderweitige Herrschergelüste zum Durchbruch und zur Entwickelung gelangen könne. —

Lassalle eigennützige Motive imputiren kann nur derjenige, der in jedem erhabeneren Gefühle nach selbstsüchtigen Impulsen forscht, oder in dem der Parteigeist jeden Sinn für die unparteiische Beurtheilung seines Gegners abgeschwächt hat. —

Lassalle's ganzes Leben ist ein unausgesetzter Kampf gegen das, was er für Unrecht hält. Sei es, daß er in einem romantischen Anflug mittelalterlicher Ritterlichkeit mit jugendlicher Begeisterung für das Recht einer von aller Welt verlassenen und von aller Welt verfolgten Frau in die Schranken tritt, sei es, daß er nur auf sich angewiesen gegen die damals allmächtige Bourgeoisie und deren Presse den Kampf für die Sache der „Enterbten" aufnimmt: es ist immer nur die aufopferndste Hingabe, die edelste Humanität, die glühendste Begeisterung, die ihn leitet. Man hat das Volk oft mit einem Kinde verglichen, das nur Gefühlsimpulsen folge und deshalb einer zielbewußten Leitung bedürfe. Jedenfalls hat das Volk mit dem Kinde das gemein, daß es die ihm entgegengebrachte Sympathie gleichsam herauszufühlen im Stande ist. Nur daraus läßt sich jene an Vergötterung grenzende Anhänglichkeit des deutschen Volkes an Lassalle erklären. Das deutsche Volk fühlte, wie sein ganzes Leben und sein ganzes Leiden in diesem gewaltigen Geiste mächtigen Widerhall wachgerufen hatte, es fühlte, wie die begeisterten Worte in ihm selbst eine ungeahnte Begeisterung entzündeten, es fühlte, daß seine Sache einen würdigen Vertreter gefunden: und dieses Gefühl, diese innere Stimme eines großen Volkes bildet den unerschütterlichen Felsen, an dem die Wogen der Verleumdung machtlos zerschellen. — Charakteristisch für den Grad dieser Anhänglichkeit ist der unter der Landbevölkerung mancher Bezirke in Deutschland noch jetzt vorherrschende Glaube, daß Lassalle nicht todt sei, daß er sich nur verborgen halte und wenn die Stunde der Erlösung für das Volk schlagen werde, wieder zum Vorschein kommen würde. Bei Lassalle's Todtenfeier wurden nachstehende Verse von einem jungen Mädchen deklamirt:

„Das lange schlief, mein Deutschland auf, erwache!
„Ergreif die Wehr, den Panzer angelegt,
„Umgürte Dich zu einer That der Rache,
„Die groß und hehr an alle deutschen Herzen schlägt.
„Wirf in den Staub die Frevelschaar der Schächer,
„Die raubbegierig deine Brust zerreißt. —
„Lassalle, Lassalle, erweck' dir einen Rächer,
„Wo um dein Grab der Leichenrabe kreist."

Und nach der Melodie der Marseillaise wurde nachstehender Refrain gesungen:

„Nicht zählen wir die Feind' nicht die Gefahren alle;
„Der kühnen Bahn nur folgen wir, die uns geführt Lassalle."

Lassalle ist deshalb für das communistische Staatswesen nicht eingetreten, weil er es für (in der Gegenwart) undurchführbar hielt, und dieses wiederum deshalb, weil ihm nur der französische und englische Communismus vorschwebte. Von den französischen Socialisten hatte nur ein einziger praktische Vorschläge für die Verbesserung der Lage der arbeitenden Klassen gemacht, dieser eine war Louis Blanc. In der von Lassalle beanspruchten „Staatshilfe" in den „Produktivgenossenschaften" spiegelt sich Louis Blanc'scher Geist wieder. —

Lassalle geht daher nicht von der Marx'schen Anschauung über das Kapital aus, nach ihm ist das „Kapital, der unter Theilung der Arbeit bei einer in einem System von Tauschwerthen bestehenden Produktion und bei freier Konkurrenz geleistete Vorschuß vorgethaner Arbeit, welcher zum Lebensunterhalt der Producenten bis zur Verwerthung des Produkts an den definitiven Consumenten erforderlich ist". Diese Definition ist wissenschaftlich begründet. Wenn jedoch Lassalle weiter anführt, daß dieser geleistete Vorschuß vorgethaner Arbeit „zur Folge hat, daß der

Ueberschuß des Produktionsertrages über diesen Lebensunterhalt auf denjenigen resp. diejenigen sich vertheilt, welche den Vorschuß geleistet haben", so muß hier unter dem Kapitalisten offenbar auch der Unternehmer verstanden werden.

An anderer Stelle (Bast. Schulze S. 208) wird das Kapital als „das Arbeitsinstrument bezeichnet, welches selbständig geworden und mit dem Arbeiter die Rollen vertauscht hat, den lebendigen Arbeiter zum todten Arbeitsinstrumente herabgesetzt und sich selbst, das todte Arbeitsinstrument, zum lebendigen Zeugungsorgan entwickelt hat". Da in der heutigen Gesellschaft „jeder im Eigenthum nur das sein nennt, was nicht sein Arbeitsprodukt ist", so sagt Lassalle, das Eigenthum ist „Fremdthum" geworden. Um nun die Arbeiter von dem Drucke des „grausamen" ehernen Lohngesetzes zu befreien, giebt es nur ein Mittel, nämlich: sie an den Erträgnissen des Kapitals und am Gewinn des Unternehmers Theil nehmen zu lassen. „Wenn der Arbeiterstand sein eigener Unternehmer ist, so tritt an Stelle des Arbeitslohnes der Arbeitsertrag. „Die kapitalistische Produktionsweise muß abgeschafft, an ihre Stelle die genossenschaftliche gesetzt werden". Dieses ermöglichen kann nur der Staat und „das ist gerade die Aufgabe und Bestimmung des Staates, die großen Culturfortschritte der Menschheit zu erleichtern und zu vermitteln. Dies ist sein Beruf. Dazu existirt er, hat immer dazu gedient und dienen müssen". Diese Aufgabe erfüllt der jetzige Staat nicht, es ist also Sache der Arbeiter darnach zu streben, das Staatsruder in ihre Macht zu bringen, und sodann diesen idealen Aufgaben nachzustreben. „Sie sind der Fels, auf welchem die Kirche der Gegenwart gebaut werden soll!" ruft er ihnen zu. „Der hohe sittliche Ernst dieses Gedankens ist es, der sich mit einer verzehrenden Ausschließlichkeit Ihres Geistes bemächtigen und Ihr Gemüth erfüllen muß". Und um dieses Ziel zu erreichen, sagt er ihnen: „Blicken Sie nicht nach rechts, noch links, seien Sie taub für Alles, was nicht allgemeines und direktes Wahlrecht heißt, oder damit in Zusammenhang steht und dazu führen kann! Dies ist das Zeichen, das Sie aufpflanzen müssen. Dies ist das Zeichen in dem Sie siegen werden! Es giebt kein anderes für Sie." --

Ueber diesen Zukunftsstaat ist Lassalle nicht im Stande, ein klares Bild zu geben. Er sagt uns nur, daß, „wenn die Ausdehnung dieser Wirthschaftsform eine ansehnliche geworden ist, die Associationen Verbände unter sich zu schließen haben werden, um an Stelle der jetzigen planlosen und Kräfte vergeudenden Wirthschaftsweise, wo jeder darauflos producirt, ohne sich um den andern zu kümmern, eine planmäßigere und sparsamere zu setzen. „Denn jetzt herrscht zwar in der einzelnen Unternehmung, so ferne sie rationell betrieben wird, knappe Ordnung und zweckmäßige Arbeitstheilung, im Ganzen der Volkswirthschaft aber kommen kolossale Verschwendungen und fortwährende Verluste vor". Auch die sogenannten faux frais als: alle unnützen Kosten, Annoncen, Reclamen, Betrug und Fälschung, Bestechung der Zeitungen ꝛc. würden erspart werden. Alle diese und viele andere Einzelnheiten zusammengenommen, geben uns jedoch noch immer kein Ganzes. Wir sehen in diesem Zukunftsstaate die Arbeiter in einzelnen Gruppen aufgelöst und die Gruppen mit einander Verbände schließen, neben ihnen sehen wir aber auch das Privatkapital und den Privatunternehmer, wir sehen somit widerstrebende Interessen, aus denen naturgemäß ein Concurrenzkampf sich entwickeln muß, wie wir ihn auch jetzt haben; es ist nicht anzunehmen, daß die mit beschränkten Mitteln arbeitenden Gruppen, diesen Kampf bestehen werden, zumal immer nur ein kleiner Theil des Productes kapitalisirt werden kann, da ja der größte Theil zur Bestreitung der Lebensbedürfnisse der Gesellschaftsmitglieder verwendet werden müßte: mit einem Worte, die Arbeiterassociationen können das angestrebte Ziel nicht erreichen. Lassalle ist sich dessen wohl bewußt, er schreibt deshalb an Robbertus, er, Lassalle, verkünde den Arbeitern die Productivassociation, um ihnen „etwas ganz Bestimmtes, Greifbares zu bieten" und er sei bereit, dieses Mittel fahren zu lassen, sobald Robbertus ein anderes, gleich wirksames „auspintesire". So sehen wir Lassalle von den Prämissen ausgehen, daß das Eigenthum eine historische Kategorie ist, daß ein Gesetz, welches die Gesellschaft in ihren organischen Institutionen ändert, die Individuen rückwirkend treffen kann, wir sehen ihn weiters das eherne Lohngesetz Ricardo's ganz richtig beurtheilen, in der „Gemeinsamkeit in der Production und dem äußersten Individualismus, in der Vertheilung" den tiefen Widerspruch in der heutigen Gesellschaft finden, wir sehen ihn, die „Enterbten" mit der ganzen Kraft seiner Begeisterung anfeuern, das Ruder des Staates an sich zu reißen: vor der letzten Consequenz weicht er zurück, die Schlußfolgerung hat Karl Marx gezogen. Bei Karl Marx finden wir die unrichtige Prämisse, daß die Güter nichts als Arbeit kosten, wir finden eine den historischen Thatsachen widersprechende geschichtliche Darstellung der Entwickelung der heutigen gesellschaftlichen Zustände, wir finden, daß jene Lehrsätze, auf

die er das größte Gewicht legt, unrichtig und unhaltbar sind: und die Schlußfolgerung, die er aus allen diesen falschen Prämissen zieht, ist die Schlußfolgerung, die Lassalle hätte ziehen sollen, und nicht gezogen hat. Lassalle weiset auf die rechtlichen Grundlagen hin, auf denen der Ausbau des heutigen Staates zu beginnen, er zeigt den Weg, den er zu verfolgen, und giebt die Mittel an, die er anzuwenden hat, um zu jenem Staatswesen zu gelangen, dessen Umrisse Marx so scharf gezeichnet hat. Nach Lassalle kann diese Umwandlung auf gesetzlichem Wege erfolgen, „das neue Princip kann an die Stelle des bestehenden Zustandes ohne Anwendung irgend welcher Gewalt gesetzt werden", nach Marx erfolgt diese Umwandlung zwar mit der Nothwendigkeit eines Naturprocesses, nur bedarf dieser Naturproceß, wie es manchesmal bei einer schweren Geburt vorzukommen pflegt, der Nachhilfe der Volksmassen gegen die „wenigen Usurpatoren". Lassalle konnte sich nicht verhehlen, daß seine Ideen vielleicht erst in ferner Zukunft verwirklicht werden können, daher bei seinem Mitgefühl für die leidende Menschheit sein Appell an den Staat, sein Plan für die Arbeitergenossenschaften, von denen er glaubte, daß sie das Elend des Volkes, wenn auch nur theilweise, zu lindern im Stande wären; Marx unbekümmert um das Wohl und Wehe ganzer Generationen, predigt in seiner „Bibel" eine orientalische Apathie, er sieht seinem „Naturprocesse" wie die Juden ihrem Erlöser entgegen, für ihn ist dieser Naturproceß das Fatum, dessen Gang nichts hemmen und nichts beschleunigen kann. Aber im Widerspruche zu dieser Theorie wird er der Gründer einer internationalen Arbeiterassociation, er will die Expropriateurs expropriiren, noch bevor die „Stunde geschlagen hat" und das nicht etwa, um dem Naturprocesse nachzuhelfen, sondern lange bevor die Reife der Zeit gekommen, und Blut soll der Saft sein, aus dem der Zukunftsstaat emporschießen soll. Waren die Marx'schen Schluß=
folgerungen, wie wir gesehen haben, identisch mit seinen Prämissen, so ist wiederum der Marx der That ein ganz verschiedener Begriff von dem Marx der Theorie, als wollte er auf diesem Gebiete gut machen, was er auf jenem gesündigt hatte. Um eine mathematische Formel anzu=
wenden, würden wir sagen: der wirkliche Marx verhält sich zum theoretischen im umgekehrten Verhältnisse wie seine Schlußfolgerungen zu den Prämissen. Dem leidenden Volke, wie es Lassalle schildert, muß Jedermann Mitgefühl entgegenbringen, das Elend, secirt von der ätzen=
den Feder Marx', ruft nur Entsetzen hervor. So oft Lassalle die Schattenseite unseres Gesellschaftssystems uns vorführt, hören wir die

Sprache eines begeisterten und begeisternden Menschenfreundes, wenn Marx im menschlichen Elend wollüstig wühlt, so glauben wir den Arzt vor uns zu sehen, wie er am „Objecte" seine Theorie zu erproben sucht. — Trotz aller dieser Mängel muß Marx als derjenige bezeichnet werden, der eine „neue Epoche des Socialismus inaugurirte, die Zeit der geistigen Reife, die Periode der Männlichkeit (Jaeger)." Man verstand unter Communismus eine einmalige Vertheilung der Güter unter alle Staatsmitglieder zu gleichen Theilen, d. h. die Bereicherung der Besitzlosen auf Kosten der Besitzenden, ohne daß zugleich die Ursache jener Uebelstände, die in der heutigen Gesellschaft zu Tage treten, behoben worden wäre. Nach der Vertheilung würde beim Obwalten der alten Kräfte auch gar bald der alte Zustand wieder zum Vorschein kommen, der ersten Vertheilung müßten fortwährend neue Vertheilungen folgen. Damit war aber diese Form des Communismus gerichtet, und man suchte nach einer andern. Diese glaubte man darin gefunden zu haben, daß bei Aufhebung des Privateigenthums dem Staate die Pflicht auferlegt würde, aus dem gesammten Staatsvermögen seine Bürger zu erhalten, wogegen jeder Bürger die Pflicht hatte, die ihm von der Behörde zugewiesene Arbeit zu verrichten. Eine derartige Staatsverfassung würde jedoch zur Folge haben, daß entweder alle Bürger in eine Heerde von Sklaven verwandelt werden müßten, die blindlings die Befehle der Obrigkeit auszuführen hätten, oder aber, daß die arbeitsscheuen Individuen auf Kosten des arbeitsamen Theiles der Bevölkerung erhalten werden müßten, je nach dem, ob der Bürger durch Zwangsmaßregeln zur Arbeit getrieben werden könnte oder nicht. Daraus leitete man später „das Recht des Arbeiters auf Arbeit" ab, welches Axiom zum Grundstein des Socialismus geworden ist. Diesem Rechte auf Arbeit stand die Pflicht der Gesellschaft gegenüber, Arbeit zu geben, und um dieses zu ermöglichen, wurden die verschiedensten Maßregeln vorgeschlagen. Unter diesen Maßregeln waren die wichtigsten: Die Beschränkung des Erbrechtes in der verschiedensten Form, bis zur gänzlichen Aufhebung desselben, und die Beschränkung des Eigenthumsrechtes an Grund und Boden in der verschiedensten Form bis zur gänzlichen Aufhebung desselben. Philosophen, Rechtslehrer und Nationalökonomen bemächtigten sich dieses Streitgegenstandes und es entstand ein Chaos von Anschauungen und Meinungen, aus denen kein Ausweg zu erblicken war. Selbst John Stuart Mill, der die Beschränkung des Erbrechtes empfohlen hatte, sieht sich schließlich veranlaßt, statt aller dieser praktischen Mittel einen theoretischen Satz aufzustellen, der seiner Allgemeinheit wegen nur das eine bewies, daß selbst dieser scharfsinnige Nationalökonom dem zu lösenden Räthsel machtlos gegenüberstand. In seinen „Grundsätzen der politischen Oekonomie" (IV b) sagt er: „Als der beste Zustand für die menschliche Natur erscheint jedoch ein solcher, in welchem, während keiner arm ist, Niemand reicher zu sein wünscht und dabei keinen Grund zur Besorgniß hat, daß er durch die Bestrebung anderer, die sich vorwärts drängen wollen, zurückgeschoben werde. Diesen Traum Mill's hat Karl Marx ins Praktische übersetzt, er hat die Lösung gefunden, nach der so Viele vergebens gestrebt, und diese Lösung heißt: „Collektiveigenthum an sämmtlichen Produktionsmitteln.

VIII.

Dr. A. Schaeffle sagt in seiner „Quintessenz des Socialismus", es habe ihn Jahre lange Arbeit gekostet, bis er sich mit dem socialdemokratischen Staatswesen näher bekannt gemacht und befreundet hat, er scheint aber nach weitern Jahre langen Nachdenken diese Freundschaft aufgeben zu wollen, da seine letzte Arbeit „die Aussichtslosigkeit der Socialdemokratie" einen verschämten Widerruf seiner frühern socialistischen Anschauungen enthält. Abgesehen von unter Umständen gewiß ganz interessanten Einzelheiten, wie z. B. daß Marx und Lassalle jüdischer Abkunft waren und daß er, Schaeffle, es höchst sonderbar findet, daß gerade zwei Juden ein Staatswesen befürworten sollten, welches die Macht der Börse und mit ihr des Judenthums zu brechen bestimmt ist, daß weiters Annoncen, Reclamen, Firmatafeln und luxuriöse Ausstattung der Geschäfte verschwinden werden, daß man für Waarentransport den Eisenbahnen nichts wird zu zahlen brauchen, daß die Hausfrauen in großen Lagerhäusern die nöthigen Nahrungsmittel gegen Arbeitsscheine (Geld ist ein unbekannter Begriff) ausgefolgt erhalten werden, daß es keine Schaufenster mehr geben wird, wo, um mit Marx zu reden, die vornehmen Müßiggänger ihre Zeit im Anstarren der ausgestellten Schätze vergeuden: finden wir in der „Quintessenz des Socialismus" kaum eine richtige Auffassung über den socialdemokratischen Zukunftsstaat. Und doch scheint uns der Hauptvorzug des Marx'schen Staates darin zu be-

stehen, daß man nicht gerade ein Professor der Nationalökonomie zu sein
und auch nicht Jahre lang sich abzumühen braucht, um sich über die Be=
deutung dieses Staatswesens klar zu werden, sondern daß vielmehr jeder
Arbeiter über die Begriffe, „Kollektiveigenthum an sämmtlichen Produk=
tionsmitteln" aufgeklärt, das ganze Gefüge und das ganze Wesen dieses
Staates gleichsam aus sich selbst heraus construiren kann. Das Kollektiv=
eigenthum an Produktionsmitteln setzt vor allem durch diese Beschränkung
voraus, daß daneben ein Privat= oder Sondereigenthum an jenen Gütern
bestehen kann, die nicht der weitern Produktion zu dienen haben. So
z. B. sind Wohngebäude keine Produktionsmittel, das Eigenthumsrecht
an solchen wird daher fortbestehen und auch vererbt werden können.
Selbstverständlich kann der Eigenthümer keine Rente durch Vermiethung
erzielen, denn dann würde das Wohngebäude zum Produktionsmittel,
aber der Kollektiveigenthümer, d. i. der Staat kann Zinshäuser errichten
und selbe an die Bürger gegen Entrichtung eines bestimmten Zinses ver=
miethen; Miethzinse sind daher im socialdemokratischen Staate keines=
wegs ausgeschlossen, wie Dr. Schaeffle glaubt, nur daß diese Erträgnisse
der Gesammtheit und nicht einzelnen Individuen zu Gute kommen. Es
wird also auch im Zukunftsstaate Mancher einen Palast bewohnen können,
während ein anderer mit einer bescheidenen Hütte sich wird begnügen
müssen. Freilich dürften dann solche Gegensätze, wie sie jetzt vorherrschen,
nicht bestehen, aber auch nicht jene communistische Gleichheit. Ueber=
haupt scheint Schaeffle noch im communistischen Staatswesen zu stecken,
welches wir als zur Sklaverei führend, bezeichnet haben. Nach ihm
würde im Marx'schen Staate eine Beaufsichtigung des einen Arbeiters
durch den andern erfolgen, denn jeder wisse, daß durch die mangelhafte
Arbeit seines Mitarbeiters das Gesammterträgniß und hiermit auch sein
Antheil daran geschmälert würde, und Schaeffle erörtert die Frage, welche
Mittel angewendet werden müssen, um zu verhüten, daß nicht Jemand
die Zeit vergeude, die das Eigenthum der Gesammtheit ist. In dieser
Erörterung zeigt sich die grundfalsche Auffassung Schaeffle's. Im Staate
Marx' wie im jetzigen Staatswesen ist meine Zeit mein Eigenthum, ich
kann sie anwenden wie und wo ich will. So lange ich die nöthigen
Lebensmittel besitze, kann ich den vornehmen Müßiggänger spielen, wenn
ich dann nichts mehr habe und nicht Hunger leiden will, so muß ich
arbeiten, gerade so wie jetzt, nur mit dem Unterschiede, daß ich im
heutigen Staatswesen entweder mich schäme zu arbeiten, oder keine
Arbeit finden kann, während ich im Marx'schen Staate mich eher schämen

werde mein Vermögen zu vergeuden, und dieser Staat meine Arbeit zu verwenden verpflichtet ist. Es ist auch nicht richtig, daß der Lohn ausschließlich nach der Arbeitszeit bemessen werden soll. Denn wenn auch der Tauschwerth einer Waare durch die zu ihrer Produktion gesellschaftlich nothwendige Arbeitszeit, d. i. eine Durchschnittsarbeitszeit bestimmt wird, so folgt noch nicht daraus, daß Arbeiter die zu dieser Durchschnittsarbeitszeit in einem verschiedenen Verhältnisse beigetragen hatten, in gleichem Verhältnisse entlohnt werden müssen. Wenn beispielsweise eine Durchschnittsarbeitszeit von drei Stunden zur Verfertigung eines Paares Stiefel angenommen und somit der Werth dieser Stiefel einer dreistündigen Arbeitszeit gleichgestellt wird, so folgt noch nicht daraus, daß, wenn ich ein solches Paar in weniger als drei Stunden verfertige, ich noch eine andere Arbeit verrichten muß, um die Zeit auszufüllen, die als Durchschnittszeit angenommen worden ist, oder daß derjenige, der in diesen drei Stunden nur einen statt der beiden Stiefel verfertigt, Anspruch hat auf die ganze Entlohnung. Die Entlohnung des geschickteren und fleißigeren Arbeiters würde auch im Marx'schen Staate größer sein, als die des minder geschickten und minder fleißigen. Der Unterschied zwischen dem Zukunftsstaate und unserm Gesellschaftssystem würde darin bestehen, daß in ersterem Jedermann bei einer bestimmten durchschnittlichen Arbeitszeit nicht nur die Befriedigung seiner leiblichen Bedürfnisse, sondern auch noch Zeit und Mittel finden wird, für die Ausbildung und Befriedigung seiner geistigen Bedürfnisse zu sorgen, während in letzterem die Arbeitszeit, mag wie immer ausgedehnt werden, der Arbeiter in der Regel auf den nothwendigen Lebensunterhalt beschränkt ist.

Eine unangenehme oder gefährliche Arbeit, dürfte im Zukunftsstaate verhältnißmäßig viel besser entlohnt werden, als jetzt, während so mancher heute lohnende Ehrenposten dann entbehrlich werden dürfte; das Genie wird auch im socialdemokratischen Staate seine entsprechende Entlohnung finden, sein Produkt wird gewiß nicht nach der Zahl der Arbeitsstunden abgeschätzt werden. Es ist daher nicht richtig, wie Schaeffle behauptet, daß die Socialdemokratie Allen nur einen durchschnittlichen Wohlstand verspricht, nichts mehr und nichts weniger. Die Hauptanziehungskraft dieses Staatswesens für Dr. Schaeffle besteht darin, daß in demselben kein Platz sein wird für die Börsen. Nun ist es zwar richtig, daß von einer Speculation in Actien in- und ausländischer Gesellschaften, in Staatspapieren ꝛc., keine Rede sein wird, aber eine Staatsbörse oder wie immer der Name lauten dürfte, wird es auch dann geben, da die internationalen Handelsbeziehungen jedenfalls die Festsetzung und Bestimmung der Waarenpreise erfordern werden. Und da dieses Staatswesen wahrscheinlich in Bezug auf die Confession seiner Bürger wenigstens ebenso liberal sein dürfte, wie es die civilisirten Staaten jetzt sind, so ist es geradezu nicht ausgeschlossen, daß unter den Mitgliedern der betreffenden Börsencommission hie und da auch ein Jude angetroffen werden könnte, zumal wir voraussetzen, daß Jedermann eine seinen Fähigkeiten und Neigungen entsprechende Arbeit finden wird. Dr. Schaeffle scheint auch eine besondere Schwärmerei für die Abschaffung des Geldes und Ersetzung desselben durch Staatsarbeitsscheine an den Tag zu legen. Offenbar verleitet ihn zu dieser Anschauung der Marx'sche Grundsatz, daß Waaren nichts als Arbeit kosten. Wenn dieses richtig ist, raisonnirt Dr. Schaeffle, so können die Waaren doch nur wieder mit Arbeit gezahlt werden, und es ist eine Kleinigkeit für die Staatsdruckereien, die nöthige Zahl von Arbeitsscheinen zu verfertigen. Dr. Schaeffle übersieht aber, daß Marx seine Werththeorie für das heutige Staatswesen aufstellt, und daß trotzdem das Geld noch nicht abgeschafft worden ist. Es ist zwar richtig, daß in manchen Staaten schon jetzt, wenn auch nicht Arbeitsscheine, so doch Staatsscheine staat des Geldes cursiren, daraus folgt aber noch nicht, daß der Zukunftsstaat gerade die Schattenseite des heutigen adoptiren sollte. Möglich, daß die Staaten für die Arbeitskräfte ihrer Bürger eine lohnendere und produktivere Beschäftigung finden werden als die ist, welche in dem Durchwühlen des Erdbodens auf der Suche nach Gold besteht, für jeden Fall aber werden sie sich auf ein allgemein gültiges Tauschmittel zu einigen haben, wenn sie mit einander Handelsbeziehungen aufrecht halten wollen. Und dieses Tauschmittel, die Substanz, mag welche immer sein, nennen wir Geld. Daß im internationalen Verkehr Arbeitsscheine die Stelle des Geldes nicht vertreten könnten, dürfte Jedermann einsehen. Der socialdemokratische Staat schließt demnach die Anwendung des Geldes, als eines allgemein anerkannten Tauschmittels nicht aus. Dr. Schaeffle verwechselt aber das Marx'sche Staatswesen nicht nur mit dem französischen Communismus, auch Plato's Ideen über die Gemeinschaft der Frauen scheinen ihn nicht wenig zu beunruhigen. Das Familienleben kann im Zukunftsstaate sich nur inniger gestalten, als es jetzt meistentheils der Fall ist, weil bei Eingehung der Ehe nur die gegenseitige Zuneigung und nicht wie jetzt materielle Rücksichten maßgebend sein werden. Wenn auch die Sorge für humanitäre Anstalten dem Gesammtstaate obliegen wird, so wird für werkthätige Nächstenliebe noch immer genügender Wirkungskreis vorhanden sein. Die Befürchtung, daß im neuen Staatswesen kein Platz für die Religion sein wird, ist vollständig unbegründet, der Socialismus hat mit der Religion, insofern diese sich ihm nicht feindlich entgegenstellt, nichts zu schaffen. —

Wir haben bisher dem Dr. Schaeffle folgend gezeigt, was der socialdemokratische Staat nicht sein wird, wir wollen es nunmehr versuchen, wenn auch in den kürzesten Umrissen, ein Bild von jenem Staatswesen zu entwerfen, welches auf Marx'schen Principien beruht. Selbstverständlich haben wir hier nur die ökonomische Seite im Auge.

Man denke sich ein ideelles Staatswesen, in welchem der Grund und Boden, die dem Handel dienenden Verkehrsmittel, das Post- und Telegraphenwesen, alle Fabriken, Werkstätten, Maschinen und Werkzeuge, alle den Zwecken der Production und des Handels dienende Gebäude, mit einem Worte sämmtliche im Staate vorhandenen Productionsmittel, Staatseigenthum, d. i. gemeinsames Eigenthum sämmtlicher Staatsbürger, sind. Welche Folgen wird nun ein solches Gesellschaftssystem auf die öconomische Lage seiner Staatsbürger ausüben? Alles, was wir als Vermögen zu bezeichnen gewöhnt sind, befindet sich in den Händen des Staates. Die verbrauchbaren Güter, die im Besitze einzelner Individuen sein mögen, werden über kurz oder lang aufgezehrt, selbst Geld und Werthsachen müssen bald erschöpft werden, denn der Eigenthümer kann diese keinem productiven Zwecke zuführen.

Wir können somit uns einen gegebenen Moment denken, wo alle Staatsbürger gleich arm und gleich reich sind. Arm, als einzelne Individuen, reich, als Miteigenthümer des Gesammtvermögens. Nun sagt dieses Gemeinwesen zu jedem einzelnen Bürger: „Siehe, ich habe Grund und Boden, ich habe Fabriken, Maschinen, Lagerhäuser und Werkzeuge, ich habe Eisenbahnen und Dampfschiffe, kurz Alles, das zu produktiven Zwecken verwendet werden kann, aber mir fehlt die menschliche Arbeitskraft, um alles dieses in Bewegung zu setzen und zweckentsprechend anzuwenden. Ich stelle dir nun meine Productionsmittel zur Verfügung, wähle dir nach deinen Kräften und Fähigkeiten die Arbeit, die du verrichten willst, arbeite und der Reinertrag deiner Arbeit gehöre dir." Da Niemand verhungern will, so werden offenbar alle Staatsbürger sofort an die Arbeit gehen, und da jeder trachten wird, aus seiner Arbeit den größtmöglichen Nutzen herauszuschlagen, so wird er jene Arbeit anfassen, für die er sich am geeignetsten fühlt.

Die erste Wirkung wäre die, daß alle Bürger zur Arbeit herangezogen würden. Die Gesammtproduction eines solchen Staatswesens müßte somit ceteris paribus die desselben Staates unter den heutigen Verhältnissen, wo es neben der misera contribuens plebs auch solche giebt, die nichts zu thun haben, als nur „die Früchte zu verzehren" — weit übertreffen. Die Gesammtproduction müßte aber auch dadurch gewinnen, daß Jedermann die seinen Fähigkeiten entsprechende Arbeit wählen würde.

Denken wir uns nun das heutige Staatsbudget, welches die zur Erhaltung des Heeres und der Flotte, die zur Bestreitung der Auslagen für öffentliche Anstalten, Justiz, Administration u. s. w. u. s. w. nothwendigen Kosten präliminirt, auf die Bedürfnisse des gesammten Volkes ausgedehnt und denken wir uns, daß an Stelle der jetzigen Steuern, aus welchen obige Kosten bestritten werden, nunmehr von jedem einzelnen Individuum nur Arbeit verlangt wird, und zwar, da die Vermögensverhältnisse aller gleich sind, eine tägliche Durchschnittsarbeit. Denken wir uns ferner, daß dieses Volksbudget mit Rücksicht auf die Zahl der arbeitsfähigen Bürger auf Grund statistischer Daten berechnet hat, daß bei einer durchschnittlichen täglichen Arbeitszeit von beispielsweise 6 Stunden nicht nur die zur Erhaltung der Gesammtbevölkerung nothwendigen Lebensmittel, Kleidungsstücke, Wohngebäude ꝛc. producirt, sondern auch dem Staatswesen die zur Erfüllung seiner Aufgaben nöthigen Mittel zur Verfügung gestellt werden können. Dem gegenüber würde für eine 6 stündige Arbeitszeit eine solche Entlohnung entrichtet werden, welche zur Erhaltung des betreffenden Arbeiters und seiner Familie als nothwendig sich herausstellen sollte. Nehmen wir an, die Entlohnung betrage 6 (Dollar, Mark, Francs oder Gulden), und daß davon 3 zur Bestreitung von Lebensmitteln, 1 für Kleidungsstücke und 2 für sonstige Bedürfnisse erforderlich sind, so ist es selbstverständlich, daß der Kostenpreis dieser Lebensmittel, Kleidungsstücke und sonstiger Bedürfnisse ein constanter bleiben müßte. Dieses ist aber leicht zu erzielen, da alle Produkte Eigenthum des Staatswesens sind. Die Marx'sche Werththeorie würde daher ihre volle Anwendung finden, „der Tauschwerth der Waare würde durch das Quantum der in ihrem Gebrauchswerthe materialisirten Arbeit, durch die zu ihrer Produktion nothwendige Arbeitszeit bestimmt werden", und ist Dr. Schaeffle im Unrecht, wenn er diese Marx'sche Werththeorie vom Standpunkt des socialdemokratischen Zukunftsstaates bekämpft. Wenn wir nun früher gezeigt haben, daß die Gesammtproduktion in unserm ideellen Staate ceteris paribus die des gegenwärtigen Staatswesens im Bezug auf Quantität und Qualität der Produkte weit übertreffen müßte, so liefert uns das eben Angeführte nicht nur weitern Beweis dafür, es läßt sich aber auch daraus leicht zeigen, daß jene Krisen, die in unserm Wirthschaftsleben in fast regelmäßigen Zeitabschnitten aufzutreten und arge Verwüstungen anzurichten pflegen, in diesem ideellen Staatswesen nicht möglich sind. Unter dem heutigen Wirthschaftssysteme ist es für den einzelnen Fabrikanten eine Sache der Unmöglichkeit, sich über die Bedürfnisse seines Landes, geschweige denn über die Bedürfnisse des Weltmarktes genau zu informiren. Wenn er für seine Produkte theure Preise erzielt, so beginnt er immer mehr zu produciren. Da aber die andern Fabrikanten ganz genau dieselbe Berechnung anstellen, so entsteht auf diesem Gebiete eine immer steigende Production. Wenn auch die Preise zurückgehen, so findet der Fabrikant noch immer seinen Verdienst, er hat neue Maschinen angeschafft, das Fabriksgebäude vergrößert und kann daher, wenn er nicht einen empfindlichen Verlust leiden will, die Produktion nicht mehr einstellen, wenn sich auch schließlich sein Verdienst auf ein Minimum beschränkt. Inzwischen zeigt sich der Markt übersättigt, die Waare findet keinen Käufer mehr, der Fabrikant steht mitten in einer wirthschaftlichen Krise. Abgesehen von den den Fabrikanten individuell treffenden Folgen, hat auch das Nationalvermögen Schaden gelitten. Denn die Arbeitskräfte, die die Ueberproduktion erzeugten, sind einem andern Gebiete entzogen worden. Dadurch sind Waaren producirt worden, für die kein Bedarf vorhanden ist, wogegen in einem Gebiete Waaren nicht producirt worden sind, für welche hinreichender Bedarf vorhanden wäre. Einerseits eine nutzlose Vergeudung von Kräften, andrerseits ein Mangel an Arbeitskräften, daher ein Schade für das Nationalvermögen in zweifacher Richtung. Derartige Krisen sind aber auch für die Arbeiterbevölkerung von vernichtender Wirkung, nicht nur weil ein Theil derselben beschäftigungslos wird, sondern weil in Folge dessen der Durchschnittslohn, wegen des großen Angebotes der Arbeit, auch in den andern Gewerben für eine lange Zeit gedrückt wird. Wir glauben hier darauf hindeuten zu dürfen, daß die Hauptursache des nicht abzuleugnenden Elends der Arbeiterklassen nicht in dem ehernen Lohngesetze Ricardo's sondern in den immer wiederkehrenden Geschäftskrisen besteht. Solche Krisen, mag nun die Veranlassung in Ueberproduktion oder in einem in Folge eines allgemeinen Mißtrauens entstandenen

Geldmangel zu suchen sein, erscheinen in unserm ideellen Staate, wo die Produktion im Vorhinein und den Bedürfnissen entsprechend geregelt wird, und wo der Verkehr unabhängig ist von dem Vertrauen oder Mißtrauen einzelner Bürger, geradezu ausgeschlossen.

Wenn wir alle diese Vortheile in Erwägung ziehen, wenn wir ferner berücksichtigen, daß der Wirthschaftsbetrieb im Großen nicht zu unterschätzende Ersparnisse mit sich bringen muß, und daß die Erzeugung von Luxusartikeln und von die Gesundheit schädigenden und demoralisirenden geistigen Getränken beliebig beschränkt werden kann: so dürfte die beispielsweise angenommene Arbeitszeit, als vollkommen hinreichend für die erwähnten Zwecke erklärt werden.

Nun könnte hier die Bemerkung gemacht werden, daß, da die Durchschnittsarbeit ein hinreichendes Erträgniß abwerfen würde zur Bestreitung aller nothwendigen Lebensbedürfnisse, einzelne Individuen in Folge angeborener Fähigkeiten oder eines größeren Fleißes mit der Zeit Ersparnisse anlegen und Reichthümer ansammeln, daß daher auch in diesem Staate eine Klasse von Besitzenden und allmählich solche Zustände sich herausbilden würden, wie wir sie jetzt haben.

Derartige Befürchtungen sind jedoch unbegründet, denn diese Ersparnisse können nicht zu produktiven Zwecken verwendet werden. Der einzige Nutzen, den der Eigenthümer aus ihnen ziehen kann, besteht in dem Verbrauchen derselben, und müßten daher Reichthümer früher oder später, falls deren Besitzer es vorziehen sollten, von diesen statt von ihrer Arbeit zu leben, vollständig aufgezehrt werden. Der socialdemokratische Zukunftsstaat wird daher das Privatvermögen seiner Bürger nicht confisciren, es wird keine Bereicherung des Gemeinwesens auf Kosten Einzelner stattfinden. Die Millionäre würden ihre Millionen auch im neuen Staatswesen eignen, was ihnen aber nicht mehr gestattet sein würde, ist diese Millionen produktiv anzulegen.

Eine weitere Einwendung gegen dieses Staatswesen könnte dahin erhoben werden, daß das Ricardo'sche Lohngesetz, statt beseitigt, nur verallgemeinert worden ist, daß dieses Gesetz früher auf die arbeitenden Klassen beschränkt gewesen, nunmehr aber auf alle Staatsbürger ausgedehnt wird, da ja Alle Arbeiter sein müssen, und das Erträgniß ihrer Arbeit zur Bestreitung des nothwendigen Lebensunterhaltes verwendet werden soll. Früher habe der fleißige, sparsame oder fähige Arbeiter wenigstens die Möglichkeit gehabt, sich mit der Zeit zum Kapitalisten und Unternehmer emporzuschwingen, jetzt sei ihm diese Aussicht genommen, gegen jenes „grausame"

Gesetz gebe es kein Entrinnen mehr. Diese Einwendung erscheint um so gewichtvoller, als ja nach Ricardo und Lassalle der nothwendige Lebensunterhalt der „üblichen Lebensweise" entspricht und diese übliche Lebensweise (standard of life) das continuirliche Bestreben aufweist, zu steigen. Der Arbeiter habe somit im neuen Staatswesen nichts gewonnen, die besitzende Klasse alles verloren.

Wenn es auch richtig ist, könnte diese Einwendung weiter lauten, daß „die Lebenshaltung der Arbeiterbevölkerung unter den verschiedenen Stufen des socialen Daseins die niedrigste ist (F. A. Lange);" wenn es auch richtig ist, daß die Vortheile der technischen Fortschritte in der Produktion den Kapitalisten und Unternehmern im höhern Maße als den Arbeitern zu Gute kommen (A. Wagner), so könnte auch der socialdemokratische Staat, da man doch annehmen muß, daß er in demselben Maße für die Erhaltung und Vermehrung des Nationalvermögens Sorge tragen wird, wie es jetzt die einzelnen Kapitalisten von ihrem Privatinteresse geleitet, thun, und da der Ueberfluß der „Wenigen" unter Alle gleichmäßig vertheilt zu werden hätte, die Lebenshaltung jener „niedrigsten Stufe des socialen Daseins" nicht besonders erhöhen, höchstens nur die der höhern Stufen erniedrigen. Wenn noch erwogen wird, so ungefähr würde der Gegner unseres ideellen Staates schließen, daß jeder Fortschritt, den die Menschheit bis heute sich errungen, nur dem Umstande zu verdanken ist, daß es eine Klasse in der Bevölkerung gegeben hat, die nicht gezwungen war, ihre Zeit der physischen Arbeit zu widmen: ist es angezeigt, für das Wirkliche den Schein einzutauschen, Alle gleich niedrig zu machen, damit es nicht Niedrigere gebe, und dafür den Fortschritt, ja vielleicht die Segnungen der heutigen Civilisation aufs Spiel zu setzen?

Ich würde diese Einwendungen für berechtigt halten, wenn ich der Ansicht wäre, daß das vielbesprochene Ricardo'sche Lohngesetz die Ursache alles Uebels sei, oder daß der Fortschritt und mit diesem unsere ganze Civilisation im socialdemokratischen Staate gefährdet würde.

Nach meiner Anschauung aber ist das Uebel, unter dem die Arbeiterbevölkerung leidet, in ganz anderen Verhältnissen zu suchen, und glaube ich auch, daß der Civilisation im Zukunftsstaate nicht nur keine Gefahr droht, sondern daß vielmehr ganz neue Kräfte wachgerufen werden würden, um den Gang dieses Fortschrittes zu beschleunigen.

Es ist nicht die Aufgabe des Menschen, Schätze zu sammeln und solche seiner Nachkommenschaft zu überliefern, noch ist es möglich, kommende Generationen der Arbeit zu entheben. Alle Güter, die wir produciren, bedürfen fortwährender Regeneration; die Lebensmittel, unser Lebensstoff, können nur in beschränkter Menge erzeugt werden und unterliegen gar rasch dem Verderben. Das Menschengeschlecht lebt so zu sagen von der Hand zum Mund. Das Ricardo'sche Gesetz, wonach der Lohn der Arbeit in dem üblichen Lebensunterhalte des Arbeiters besteht, ist der Fluch, der, wie uns die Bibel erzählt, auf dem ganzen Menschengeschlecht lastet und der Ueberfluß der Besitzenden ist nicht im Stande, die Folgen dieses Fluches für die große Masse der Bevölkerung zu beheben. Aber im Stande wäre er, die Last der Arbeit zu erleichtern und die Arbeiterbevölkerung vor jenen Folgen zu schützen, die die Wirthschaftskrisen mit sich bringen. In diesen Krisen ist die Ursache des Elends zu suchen, in welches der Arbeiter von Zeit zu Zeit zurückgeschleudert wird, diese Krisen sind die atra cura, die ihn nie verläßt. „Die ganze Bewegungsform der modernen Industrie," sagt Karl Marx, „erwächst aus der beständigen Verwandlung eines Theiles der Arbeiterbevölkerung in unbeschäftigte oder halbbeschäftigte Hände." Und wenn diese unbeschäftigten oder halbbeschäftigten Arbeiter geistig und körperlich zu Grunde gehen, wenn das Elend und die Entbehrung das Lebensloos ganzer Generationen vernichtet und die Gesellschaft unter der Herrschaft des jetzigen Wirthschaftssystems diesem Uebel nicht steuern kann, so muß eben eine andere Form gesucht und gefunden werden. Einst hatte man Malthus zugejubelt, weil er behauptete, daß ein Mensch, der in eine Welt kommt, die bereits voll ist, ein ganz überflüssiges Mitglied dieser Gesellschaft, daß an der großen Tafel der Natur kein Platz ihm angewiesen sei, daß die Natur selbst ihm befehle, sich zu entfernen und nicht zögere, diesen ihren Befehl in Vollzug zu setzen und man verkündete dieses Gesetz „mit einem empörenden protzenhaften Behagen, als wäre nichts Entsetzliches daran (Treitschke)", so daß schon Fichte voll edler Entrüstung dieser Gesellschaft zurief: „Sind denn die Menschen unter euch wie die wilden Waldvögel, um deren Treiben sich Niemand kümmert, deren Existenz darum auch vogelfrei ist? Ihr sprecht von Bürgern! Da liegt's eben, ihr habt unter euch Wilde, die nicht einmal Bürger sind. Jeder Bürger muß sein Leben garantirt haben." Und bevor noch Malthus sein Naturgesetz verkündet hatte, sagt der Präsident des Nationalconvents zu einer Deputation, die gekommen war, um ein Preismaximum zu petitioniren: „Dies betrifft die darbenden Klassen, für welche der Gesetzgeber nichts gethan hat, wenn er nicht alles gethan. Das Eigenthumsrecht kann unmöglich das Recht in sich begreifen, seinen Mitbürger verhungern zu lassen. Die Früchte der Erde gehören gleich der Luft allen Menschen. (Parlamentarische Geschichte der Revolution vol. XXVI. pag. 52.)

Man hat seitdem anerkannt, daß der Mensch, auch wenn er in eine überfüllte Welt kommt, das Recht hat zu leben, man hat nachgewiesen, daß das Malthus'sche Populationsgesetz unrichtig ist, man hat gegen dieses Gesetz Protest erhoben im Namen der Religion und der Moral, man hat sogar, um diesen liberalen Umschwung zu bekunden, einst für nothwendig erachtete Eheverbote aufgehoben und Auswanderungen, die man begünstigt hatte, beschränkt, man hat mit einem Worte das von Malthus über einen großen Theil der Bevölkerung ausgesprochene Todesurtheil aufgehoben: Diese Strafaufhebung vollzieht sich aber nur theoretisch, in der Praxis stirbt der „überflüssige" Mensch. Nicht das Ricardo'sche Lohngesetz, welches wenn auch in erweiterter Bedeutung auch im socialdemokratischen Staate Geltung haben wird, sondern die Surpluspopulation, wie sie Marx nennt, d. i. der dem Verderben geweihte Theil der Arbeiterbevölkerung ist es, der über das jetzige Gesellschaftssystem das Verdammungsurtheil ausspricht. Alle Bestrebungen, den Arbeitslohn zu erhöhen und die Arbeitszeit zu vermindern, können daher den standard of life der Arbeiterbevölkerung bessern, die bestehenden Uebelstände mildern, ganz beseitigen aber können sie die Uebelstände niemals.

Noch vor Marx hatte J. H. von Thünen („Der isolirte Staat in seinen Beziehungen auf Landwirthschaft und Nationalökonomie" 1826) nach einer mathematischen Formel einen „naturgemäßen" Arbeitslohn verlangt, der über den „natürlichen" des Ricardo geht. Nach dieser mathematischen Formel $\sqrt{ap}$, in der a die nothwendigen Bedürfnisse und p das Arbeitsprodukt bezeichnet, übersteigt der Lohn das Bedürfniß in demselben Maße, wie das Ertägniß den Lohn übersteigt (a: $\sqrt{ap}$ = $\sqrt{ap}$: p). Dieses Plus über das Bedürfniß läßt sich jedoch ebenso wenig genau berechnen, wie die „Surplusvalue" von Karl Marx, alle diese Formeln und mathematischen Muthmaßungen erwecken höchstens ein theoretisches Interesse, einen praktischen Einfluß auf die Höhe des Arbeitslohnes haben sie bis jetzt nicht ausgeübt.

Die Gegner dieses Zukunftstaates schildern das gesellschaftliche Leben als einförmig und allen Reizes bar. Düster und mürrisch werde der Arbeiter an die Arbeit gehen, als blindes Werkzeug die Anordnungen der Obrigkeit ausführen und dafür von der Gesellschaft seine „Rationen" erhalten. Gemeinsame Mahlzeiten und gemeinsame Erholung; spartauische Suppen und auf das Durchschnittsbedürfniß berechnete geistige Nahrung; uniforme Kleidung und Wohnung und uniforme Lebensweise, selbst die Abwechslung in regelmäßigen Zeiträumen wiederkehrend. Anders malt sich diese Welt in den Köpfen socialistischer Schwärmer. Der Kampf Aller gegen Alle werde zum Kampfe der verbrüderten Menschheit gegen die feindlichen Kräfte der Natur werden, der endgiltige Sieg über diese Naturkräfte das Reich Gottes auf Erden verwirklichen. Wie die Spartaner einst in den Krieg, so werden die Zukunftsbürger an die Arbeit gehen: singend und Kränze um das Haupt gewunden. Die Arbeit selbst werde eine Abwechslung in der langen Reihe von Vergnügungen darstellen. Sorge und Kummer werden gemeinsam mit allen bösen Leidenschaften, die bisher in der Menschenbrust gehaust, vom Wohnsitz der glücklichen Menschheit verbannt, „keiner wird arm sein und niemand reicher zu sein wünschen."

Vergegenwärtigt man sich jedoch, was wir über die Dorfgenossenschaft gesagt haben, so wird man finden, daß das Marx'sche Staatswesen in allen Einzelheiten die Grundrisse der Verfassung der Dorfgenossenschaft aufweist. Grund und Boden und das Weidevieh waren die einzigen Produktionsmittel jener Zeiten und als solche bildeten sie das Collectiveigenthum des Stammes; Wohngebäude, verbrauchbare Gegenstände und alles was nicht Produktionszwecken dienen konnte, bildete das Sondereigenthum. —

Die nothwendige Arbeit wurde von allen Stammesmitgliedern verrichtet, auch im Zukunftsstaate kann sich Niemand der Arbeit entziehen. Die Rathsversammlung bestimmte, welche Grundstücke und wie diese angebaut werden sollten, und regelte in allen Einzelheiten den Ackerbau. Auch im Marx'schen Staatswesen regelt der Staat, als Alleineigenthümer aller Productionsmittel, die Gesammtproduction.

Die Rathsversammlung bestimmte das Ausmaß der zur Ernährung sämmtlicher Stammesmitglieder nothwendigen Ackerfelder, dasselbe Verfahren müßte der Zukunftsstaat in Bezug auf die Beschaffung der Mittel zur Befriedigung der Bedürfnisse seiner Bürger in Anwendung bringen. Ob der Arbeiter seine Entlohnung in natura erhält oder in Geld ausgezahlt wird, ist gleichgiltig, der Marx'sche Zukunftsstaat ist nichts anderes als die Dorfgenossenschaft. Die Frage, ob wir dem socialdemokratischen Zukunftsstaate entgegensteuern, verwandelt sich in die Frage, ob wir der Dorfgenossenschaft, wie sie sich einst unter dem arischen Volksstamme herausgebildet hatte, zustreben. Der Stamm ist die erweiterte Familie

d. h. sämmtliche Stammesmitglieder sind durch Blutsverwandtschaft mit einander verbunden, führen ihren Ursprung auf ein gemeinschaftliches Patriarchenpaar zurück. Diesem Bindungsmittel gesellen sich zu: die gemeinsame Sprache, gleiche Sitten und Gebräuche, gleiche religiöse Anschauungen, derselbe Aberglaube, mit einem Worte, die Culturstufe der einzelnen Stammesmitglieder ist durchwegs die gleiche. Das Bewußtsein der Zusammengehörigkeit durch Blutsverwandtschaft und ein mehr weniger gleicher Grad der intellektuellen Ausbildung sind die Grundbedingungen für die Dorfgenossenschaft und somit auch für den socialdemokratischen Zukunftsstaat.

IX.

Was ist Fortschritt? Den Alten war der Fortschritt ein unbekannter Begriff, uns scheint er ein Naturgesetz zu sein. Die Völker entstehen, entwickeln sich, blühen einige Zeit und gehen dann zu Grunde, wie einzelne Individuen, und mit ihnen verschwinden die Errungenschaften ihrer Civilisation, deren Spuren nach Jahrtausenden, wenn die Welt eine ganz andere Entwickelung genommen und diese alte Civilisation längst überflügelt hat, von einzelnen Forschern aus dem Schutt herausgelöst und der staunenden Nachwelt vorgeführt werden als Beweis dafür, daß auch diese Vergangenheit, gleich der Gegenwart, ihre Blüthe gehabt. Indien wird von Griechenland, Griechenland von Rom erobert und wilde Völkerstämme zertrümmern das römische Reich, zerstören die Cultur der alten Welt. Das Werk der Civilisation wird gleichsam von Grund auf neu gebaut, größer und bewunderungswürdiger als es je gewesen.

Aus den unbekannten Wüsten Arabiens brechen barbarische Nomadenstämme hervor, durchstürmen und erobern, den Koran in der Hand, einen ganzen Erdtheil, bringen griechische Bildung zu neuer Blüthe, die Wissenschaft zu ungeahntem Aufschwung, dann kommen fanatische Christenheere und zerstören die Wunder Granadas und wilde Türkenhorden zertrümmern das Bagdader Kalifat. —

Die modernen Kopten sind Abkömmlinge der alten Egypter, die Rumänen Abkömmlinge der Dacischen Colonisten Trojans. In Nord- und Südamerika finden wir die degenerirten Nachkommen jener castilischen

Edelleute, die unter Cortez und Pizzaro, Mexico und Brasilien erobert und in die neue Welt die Civilisation des Westens eingeführt haben. — Die Weddas, ein Stamm in Ceylon, sind ihrer Sprache nach arischen Ursprungs und ihre Sprache ist auf wenige hunderte Worte beschränkt, sie können kaum bis 3 zählen, haben keine Idee von Buchstaben, haben kein Hausthier als nur den Hund gezähmt, sie verstehen nichts als nur die Verfertigung des Bogens, ihre Hütten sind primitivster Natur, sie haben keinen Begriff von einer Gottheit und fast kein Gedächtniß — sie sind Wilde vom reinsten Wasser, geistig und körperlich verkommen.

Die Civilisation kann somit sinken, schwinden, ja so tief fallen, daß es zweifelhaft ist, ob, was übrig geblieben, noch überhaupt Civilisation genannt werden kann. —

Und doch sagen wir, daß die Menschheit fortschreitet, wenn auch einzelne Völker sammt ihrer Cultur vom Schauplatz der Geschichte verschwinden. —

Wie stellt sich nun dieser Fortschritt dar, welchen Weg hat die Menschheit in ihrer Entwicklung genommen? Wir sehen vor Allem die Familie entstehen; aus der Familie entwickelt sich der Stamm, und der Stamm wird zur Nation. — In der Familie selbst finden wir Frauengemeinschaft, dann Polygamie und dann Monogamie; die väterliche Gewalt erleidet fortwährende Beschränkungen, sie hat schließlich mehr Pflichten zu erfüllen als Rechte auszuüben. Die Vervollkommnung der Waffen giebt dem Menschen die Herrschaft über die Thiere des Waldes, die Zähmung der Hausthiere und die Pflege des Ackerbaues begründen seine Selbstständigkeit und Unabhängigkeit von den Zufälligkeiten des Jagdlebens und setzen ihn in den Stand, die Zeit nicht ausschließlich mit der Sorge um die Anschaffung seiner Nahrungsmittel auszufüllen. —

Die Nutzbarmachung der Metalle hat das Aufblühen der verschiedenartigsten Gewerbe zur Folge, das Thierfell weicht einer entsprechenden Bekleidung und festgebaute Hütten schützen den Menschen vor dem schädlichen Einflusse der Witterung. Das Schiff trägt ihn über Fluß und Meer, die Wasserstraße wird zur Handelsstraße. Die Buchstabenschrift bietet ihm die Möglichkeit, seine Errungenschaften spätern Generationen zu übermachen, sie ist die Sprache, in der die Menschheit, die gewesen, mit der Menschheit, die ist, verkehrt. —

Von dem ursprünglich gemeinsamen Familienvermögen trennt sich beim Uebergang zum Stammesleben das Sondereigenthum an allen

Gebrauchsgegenständen ab, im Staatsleben wird die große Majorität des Volkes jedes Besitzthums beraubt, alles Vermögen wird Eigenthum einzelner bevorzugter Klassen, so daß die vermögensrechtlichen Veränderungen nur den modificirten politischen Verhältnissen entspringen. Der Zusammenstoß verschiedener Racen setzt an Stelle der früheren Gleichberechtigung Aller das Kastenwesen und im Laufe der Zeit werden die expropriirten Klassen, eben weil sie expropriirt worden waren, auch aller politischen Rechte beraubt. Die Menschheit theilt sich in zwei Lager, von denen die verschwindende Minorität herrscht und genießt, die überwiegende Majorität aber arbeitet und entbehrt, der misera contribuens plebs stehen die fruges consumere nati gegenüber. —

Mit der zunehmenden Erfahrung giebt der Mensch seine Fetische auf, und als er gelernt hatte, die Bewegung der Gestirne zu berechnen, stürzt auch die Naturreligion zusammen. Von nun an ist es die Aufgabe einzelner philosophischer Denker das Gottesbedürfniß der Menschheit zu befriedigen. Die weitere Entwicklung dieser Civilisation erfolgt auf europäischem Boden. —

Hier sehen wir, wie die aller politischen Rechte beraubten Proletarier Roms ihre Gleichberechtigung nach schweren Kämpfen sich erringen, es entspinnt sich der Kampf der Besitzlosen gegen die besitzenden Klassen, und auch das Sklaventhum nimmt eine mildere Form an. Durch den Zusammenbruch des römischen Weltreiches wird die weitere Entwicklung gehemmt, die Civilisation zurückgeworfen, und ein neuer Ausbau beginnt, um dann denselben Verlauf zu nehmen. —

An Stelle des Sklaven tritt der Leibeigene, der Leibeigene macht dem freien Proletarier Platz, der Proletarier erobert sich seine politische Gleichberechtigung, so daß die Menschheit in politischer Beziehung dort angelangt ist woher sie den Ausgangspunkt genommen. —

Aber auch auf andern Gebieten wiederholt sich dasselbe Schauspiel. —

In dem Maße wie sich unsere Kenntniß der äußern Natur immer mehr bereichert, gehen auch unsere Religionssysteme dem Zusammensturze entgegen und unsere Philosophen und Denker stehen vor dem alten ungelösten Räthsel.

Auf ökonomischem Gebiete finden wir das Streben zu dem Eigenthumsverhältnissen der Dorfgenossenschaft zurückzukehren.

Der Gang des Fortschritts bewegt sich in Kreisesform, der Endpunkt fällt mit dem Ausgangspunkt zusammen.

Der Fortschritt muß daher anderswo zu suchen sein, als in dem Uebergange vom Gleichartigen zum Ungleichartigen, vom Einfachen zum Zusammengesetzten, vom Homogenen zum Heterogenen, wie ihn Herbert Spencer definirt, indem er Fortschritt und Entwickelung identificirt und die als richtig anerkannten Gesetze und Ursachen der letzeren auf ersteren anwendet.

„Während gemeiniglich," sagt dieser Philosoph, „der sociale Fortschritt als in der Produktion einer größern Quantität und Verschiedenheit von zur Befriedigung menschlicher Bedürfnisse dienenden Gütern, in der größern Sicherheit der Person und des Eigenthums, in der sich immer erweiternden Freiheit des Handelns bestehend angenommen wird, besteht dieser sociale Fortschritt, richtig beurtheilt, in jenen organischen Aenderungen des Gesellschaftssystems, welche die eben bezeichneten Folgen hervorzubringen geeignet waren. Die ursprüngliche Gesellschaft ist eine homogene Ansammlung einzelner Individuen, von denen jeder Krieger, Jäger, Fischer, Fabrikant seiner Werkzeuge und Erbauer seiner Hütte ist. Gar bald aber lassen sich, bedingt durch die physische Ueberlegenheit einzelner Individuen, Regierende und Regierte unterscheiden, wenn auch im Anfang der Herrscher sein Wild selbst erlegen, seine Hütte selbst erbauen muß. Stufenweise wird mit dem Fortschritt des Stammes der Contrast zwischen Oberhaupt und Unterthanen größer, die letztern arbeiten, der erstere herrscht!

Dann kommt die Theilung der Arbeit: einerseits die Minister, die Gesetzgeber, die Staats- und Gemeindebeamten; andererseits die ins Unendliche gesteigerte Theilung der Industrie und des Handels. Der Fortschritt vom uncivilisirten Stamme zum modernen Staatswesen besteht also im Uebergange vom Homogenen zum Heterogenen."

Aber schon der Sprachgebrauch unterscheidet zwischen Entwicklung und Fortschritt. Nicht jede Entwickelung involvirt einen Fortschritt, nicht jeder Fortschritt basirt auf der Entwickelung. Ich kann einem zusammengesetzten Gegenstande einige Theile wegnehmen, kann das Heterogene zum Homogenen machen, und der Gegenstand dient jetzt einem bestimmten Zwecke besser als früher, der Fortschritt bestand in einem Uebergange vom Heterogenen zum Homogenen. Wir bezeichnen manchesmal ganz äußerliche Aenderungen, wie z. B. in Form und in Farbe als eine Verbesserung, als einen Fortschritt, und hier liegt gar keine Entwickelung vor. Die Spencer'sche Definition paßt auf den Begriff Entwickelung und kann daher nicht passen auf den Begriff Fortschritt, weil

Fortschritt und Entwickelung keine identischen Begriffe sind, sich nicht decken. Wir wissen, daß die Entwickelung organischer Körper oft gehemmt und in unrichtige Bahnen gelenkt, daß dadurch dieser organische Körper zur Mißgestalt wird. Ist nun dieses mißgestaltete Heterogene als ein Fortschritt zu bezeichnen gegenüber jenem den Keim einer gesunden Entwickelung in sich tragenden Homogenen? Besitzen wir auch einen mißgestalteten Fortschritt? Den Fortschritt der Malerei darin zu finden, das „diese Kunst heterogen geworden ist in Bezug auf die Verschiedenheit der reellen und ideellen Subjecte, mit denen sie sich beschäftigt", heißt ein Produkt der modernen französischen Schule, welche die nicht gerade ästhetische Seite der Natur zu ihrem „Subjekte" wählt, höher stellen, als Rafaels Madonna, heißt einem Landschafts-, Stillleben-, Thierstück- und Genre-Gemälde deshalb den alten Meisterwerken vorziehen, weil die „Subjekte" heterogener geworden sind. Nicht die Quantität dieser Subjekte begründet den Fortschritt in der Malerkunst, gleichwie der Werth des einzelnen Bildes nicht von der Anzahl der dargestellten Figuren abhängig ist, sondern die Art und Weise der naturgetreuen und doch idealisirten Ausführung. Ebenso ist unser Ballet nicht deshalb jenem Tanze vorzuziehen, welchen das auserwählte Volk Gottes um das goldene Kalb ausführte, weil unsere Ballerinnen von dem „homogenen" Pas halbwilder Barbaren ins Heterogene übergegangen sind, sondern weil beim Tanze Rythmus und Grazie maßgebend sind.

Macaulay erblickt in dem Verlangen des Menschen, seine Lage zu verbessern, die Quelle jedes Fortschritts, und auch Buckle schreibt den moralischen Beweggründen nur nebensächliche Bedeutung zu, während nach Herder der Fortschritt in der Richtung zur Humanität liegt, in der wachsenden Erstarkung jener Kräfte, welche den Menschen über das Thier erheben und zum Menschen machen, der intellektuellen, sittlichen und religiösen Triebe.

Die Identificirung der Begriffe, Fortschritt und Entwickelung, verleitet Herbert Spencer zur Annahme eines überall wirkenden allgemeinen Fortschrittsgesetzes. Diesem Fortschrittsgesetze haben wir es zu verdanken, daß beispielsweise unser Erdkörper nach vielfachen Revolutionen eine Entwickelung erreichte, die ihn zur Wohnstätte des Menschen geeignet machte. Wie, wenn aber die Weiterentwickelung der Erde die Existenz des Menschen unmöglich machen wird? Der Fortschritt der Erde würde dann das Menschengeschlecht und mit diesem auch dessen Fortschritt vernichten. —

Nur die Menschheit schreitet fort, die übrige organische und unorganische Welt entwickelt sich. Und da der Mensch das einzige vernunftbegabte Wesen auf Erden ist, so muß offenbar die Triebfeder dieses Fortschritts in jener menschlichen Begabung, die wir Vernunft nennen, zu suchen sein.

Was den Culturmenschen vom Wilden unterscheidet, ist die Selbstständigkeit und Unabhängigkeit von allen Zufälligkeiten, ist die immer sich erweiternde Herrschaft über die äußere Natur und demzufolge der immer geringere Aufwand der menschlichen Kraftanstrengung bei der Anschaffung der nothwendigen Lebensbedürfnisse. —

Die Grundbedingung zur Erreichung dieses Zweckes ist aber die Gesellschaft, weshalb der Uebergang zum Familienleben, von diesem zum Stammesleben und die Entwickelung des Stammes zur Nation, Fortschritt genannt werden muß. —

Durch die Nutzbarmachung der Dampfkraft und Elektricität, d. i. durch die Verringerung der Entfernung, ist die Scheidewand, die einst Nation von Nation getrennt hatte, erschüttert worden, die einzelnen Völker beginnen sich als Theile eines Ganzen zu fühlen, sich gegenseitig zu ergänzen, das Verschmelzen aller dieser Bestandtheile in eine große Menschenfamilie ist nur eine Frage der Zeit. —

Der Uebergang der Familie zum Stamme und des Stammes zur Nation mag vielleicht Jahrtausende in Anspruch genommen haben, es läßt sich auch schwer voraussehen, binnen welchen Zeitraumes diese neue Amalgamirung vollendet sein wird, wenn auch das Leben jetzt im Allgemeinen rascher pulsirt und die Kräfte intensiver wirken. —

Zur Zeit der Thronbesteigung Karls II. zählte England eine Bevölkerung von ungefähr 5 Millionen, heute nach Ablauf von zwei Jahrhunderten beherrscht der anglosächsische Stamm hunderte Millionen von Menschen. In Nordamerika absorbirt dieser Stamm alle anderen Nationalitäten, in Indien kommt englisches Wesen und englische Cultur immer mehr zum Durchbruch, Australien und die ganze Inselgruppe des stillen und großen Oceans ist englisches Besitzthum, an den Küsten des schwarzen Erdtheiles braust englisches Leben, und selbst Europa ist mit einem Gürtel von englischen Besitzungen umgeben. Vor zweihundert Jahren zählte sich nur der vorgeschobene Theil der slavischen Welt, die Polen, zur civilisirten Bevölkerung und heute erstreckt sich das große Slavenreich über Ost-Europa und den ganzen Norden Asiens und Alles spricht dafür, daß die Bildung eines zweiten großen slavischen Reiches im Werden begriffen ist. Und die anglosächsische und slavische Welt drücken mit aller Kraft auf die morsche Mauer des himmlischen Reiches, der mongolischen Race droht das Schicksal, welchem die rothe Race in Amerika bereits erlegen ist, und auch der schwarzen Bevölkerung der Erde verspricht der neue Congostaat Cultur und — Verderben zu bringen. —

Der romanische und germanische Stamm fühlen, wie dieser Kampf der Zukunft in fernen Erdtheilen ausgefochten wird, sie ahnen die ihnen von der Expansionskraft der beiden Weltnationen drohende Gefahr, ihre enggezogenen Grenzen verurtheilen sie zur unthätigen Zuschauerrolle, und die neueste Colonialpolitik manifestirt das Bestreben, thätig einzugreifen in die Bildung der neuen Welt. Nichts aber spricht für, vielmehr spricht jedes Blatt der Geschichte gegen den Erfolg dieser Colonialpolitik, und es ist diese Ueberzeugung, welche den hervorragendsten deutschen Philosophen der Gegenwart veranlaßt hat, seinem Volke zuzurufen, daß es die Macht, welche ihm die Gunst der Verhältnisse geschenkt hat, dazu ausnütze, um der drohenden Gefahr bei Zeiten die Stirne zu bieten und die Slaven „auszurotten".

Wenn wir die Culturvölker der Gegenwart mit denen des Alterthums vergleichen, so werden wir finden, daß der Unterschied nicht so sehr im Grade der Entwickelung, welchen diese Cultur erreicht hat, besteht, als vielmehr darin, daß diese Cultur in immer weitere Kreise dringt. —

Vor unseren Augen vollzieht sich ein gewaltiger Civilisationsproceß in Rußland und in der Türkei, in Japan und unter den Nomadenstämmen Arabiens; in Sitten und Gewohnheiten, in Kleidung und Lebensweise wird Moskowiter, Türke und Japaner kaum zu unterscheiden sein von den civilisirten Europäern. Und unter den einzelnen Culturvölkern selbst sehen wir das Walten desselben Gesetzes, die Civilisation dringt in die großen Massen des Volkes, der Unterschied zwischen Klasse und Klasse, Stand und Stand weicht vor der zum Durchbruch gelangenden Gleichheit Aller. —

Die höchste Huldigung für unsere Geschichtsschreiber, Philosophen und Dichter besteht darin, daß wir sie den griechischen und römischen Meistern gleichstellen.

Ob nach drei Tausend Jahren Shakespeare, Goethe, Mickiewicz, Dante und Victor Hugo ihren Platz behaupten werden neben Homer, Sophocles, Euripides, Horaz und Virgil, ist höchst fraglich, daß unsere Kunstwerke vom Strome der Zeit spurlos verwischt sein werden, ist gewiß. Namen wie Kopernicus, Galilei, Kepler und Newton werden verehrt werden, so lange es Menschen geben wird, aber wir dürfen nicht vergessen, daß bereits Pythagoras die Kunde aus Indien gebracht hat, daß die Sonne das Centrum unseres Systems ist, um welches die Planeten: Mercur, Venus, Erde, Mars, Jupiter und Saturn sich bewegen. Wenn alle Entdeckungen in der Astronomie und unsere Kenntniß der Gesetze der Natur keine andere Wirkung auszuüben berufen sind, als nur Sonnen- und Mondesfinsternisse vorauszusagen, und den Wechsel der Jahreszeiten durch die Bewegung der Erde um die Sonne, statt wie früher durch die Bewegung der Sonne um die Erde zu erklären, wenn alle unsere geistigen Errungenschaften nichts anderes als nur die Bereicherung unserer theoretischen Kenntnisse bezwecken, das Geschick des Menschengeschlechtes aber unberührt lassen: Dann haben die Märtyrer der Wissenschaft einem leeren Wahne nachgejagt, und für die Menschheit müßte es gleichgiltig bleiben, ob der endgiltige Sieg der Kirche oder der Wissenschaft zufiel. Und wenn es ferner wahr wäre, was Mill behauptet, daß „es fraglich sei, ob alle unsere Erfindungen auf dem Gebiete der Mechanik die Tagesmühe auch nur eines einzigen menschlichen Wesens irgendwie erleichtert haben", dann wäre der Stolz auf die Erfindungen unseres Jahrhunderts ein vollständig unbegründeter, wir ständen trotz alledem auf dem Standpunkte, welchen die Menschheit vor drei Jahrtausenden bereits erreicht hatte. —

Was die Alten geahnt, haben wir allen Zweifels bar festgestellt. Mit der geo- und anthropocentrischen Weltauffassung hat auch der Mensch den Thron, den er zu seiner Selbstverherrlichung sich errichtet, verlassen müssen und die Darwin'sche Theorie bestätigte nur jene Wahrheiten, die unsere Astronomen früher schon aus den Sternen herausgelesen hatten. —

Die alten Zweifel in Bezug auf die Wahrheit und Echtheit der uns überlieferten Religionen wurden wieder rege und als erstes Opfer stürzte der künstliche Apparat von Zauber und Aberglauben, mit dem die Priesterschaft bis jetzt noch jede Religion zu umgeben gewußt hatte, zusammen.

Der Aberglaube war aber, wie wir gesehen, ein Haupthinderniß für den Fortschritt, die Beseitigung dieses Hindernisses muß demnach selbst als ein Fortschritt angesehen werden, denn von nun an zeigt sich der weitere Weg frei, und in nicht geringem Grade ist der beschleunigte Gang unseres Fortschrittes diesem Umstande zuzuschreiben. Die Beseitigung des Jahrtausende alten Aberglaubens übte aber auf das Menschengeschlecht noch eine weit einflußreichere Wirkung aus. —

Die Religion hatte die Ordnung der Dinge als eine gottgeheiligte Ordnung dargestellt, den Armen und Unterdrückten jedoch als Belohnung für ihre Leiden das Himmelreich verkündet. — Das Leben auf Erden war nur eine Vorbereitung für ein ewiges Leben und mit Zuversicht blickte der Mensch zum Himmelsgewölbe, als dem zu erwerbenden zukünftigen Heim, allwo Paradiesesfreuden seiner warteten, empor. Plötzlich fängt die Erde, die der Mittelpunkt der ganzen Schöpfung gewesen war, zu wanken an, und mit ihr giebt auch das ganze Himmelsgewölbe die bisher behauptete Ruhe und Festigkeit auf, es öffnet sich vor dem geistigen Auge die Unendlichkeit, und in dieser Unendlichkeit wirken überall dieselben Kräfte und dieselben Gesetze, wie wir sie auch hier wirkend vorfinden. Der früher sichtbare Himmel schwindet, die glänzenden Himmelslichter verlöschen, werden zu Himmelskörpern gleich unserer Erde und beherbergen Wesen aller Wahrscheinlichkeit nach uns ähnlich, die möglicherweise unsern Erdkörper als ihr künftiges Paradies betrachten. —

Die Bestimmung des Menschen muß eine andere sein, als die, die man ihm bisher verkündet hatte, „die Predigt vom Himmel hat ihn um die Erde betrogen."

Wir nennen es Fortschritt, wenn der Mensch vom Jagdleben zum Hirtenleben übergeht, und bezeichnen es als Fortschritt, wenn er sich dem Ackerbau widmet. Die Erfindung von Pfeil und Bogen ist ein Fortschritt, die moderne Waffe ein Fortschritt gegenüber den Waffen des Alterthums. Unser Zeitalter der Dampfkraft und Elektricität ist ein Fortschritt gegenüber dem Metallzeitalter, wie letzteres ein Fortschritt war gegenüber dem Steinzeitalter. Worin liegt dieser Fortschritt? Wodurch stand der Mensch des Metallzeitalters höher als der des Steinzeitalters, und wodurch stehen wir über dem Menschen, der es nicht verstanden, Dampfkraft und Elektricität sich dienstbar zu machen? —

Wir sagen, daß der Fischerstamm, der sich ausschließlich von Schalthieren nährte, oft Mangel leiden mußte, und daß es daher für ihn von Vortheil war, seine Nahrungsmittel dadurch zu vermehren, daß er auf die Thiere des Waldes Jagd machte, daß der Hirte nicht mehr den Zufälligkeiten des Jagdlebens ausgesetzt war, und der Ackerbau erst seine wahre Selbständigkeit sich errungen hat, da die Früchte des Feldes nicht so rasch dem Verderben unterliegen und daher aufgehäuft werden konnten für Zeiten der Noth und des Mangels. Demgegenüber müßten wir in allem, was geeignet ist die Existenzmittel des Menschen zu vermehren, einen Fortschritt erblicken. —

Dieses kann aber nicht den ganzen Inhalt des Fortschritts ausmachen. Denn wir haben gesehen, wie durch die Entwicklung der politischen Verhältnisse trotz aller Vermehrung der Existenzmittel die große Majorität der Menschheit darbte und noch heute darbt. Nach King konnten sich von 880 000 Familien, die in England gegen das Ende des 17. Jahrhunderts lebten, kaum die Hälfte den Genuß einer Fleischspeise zweimal wöchentlich gönnen, während die andere Hälfte, wie Macaulay meint, den Geschmack einer solchen gar nicht kannte, und „bei einer Hungersnoth starben die Menschen wie Fliegen sogar in den Straßen der reichen niederländischen Handelsstädte (Lange)." —

Mit Hilfe unseres Maschinenwesens sind wir im Stande Industrieprodukte in größern Mengen zu erzeugen, als Bedarf hierfür vorhanden ist, und die Klage über Ueberproduktion und die freiwillige oder nothgedrungene Einstellung der weitern Fabrikation gehören zu den täglichen Erscheinungen. Trotzdem ist die Masse des Volkes auch in dieser Beziehung den härtesten Entbehrungen ausgesetzt, und die große Sterblichkeit der niedern Klassen ist zum nicht geringen Theile der mangelhaften Bekleidung zuzuschreiben. Der Ruf nach einer gerechten Vertheilung ist daher vollkommen erklärlich, dieser Ruf ist aber nicht neu, denn das Volk hat immer gehungert und immer entbehrt. Wenn das Wesen des Fortschrittes in der Vermehrung der Existenzmittel gelegen wäre, so würde dieser Fortschritt nur den herrschenden oder besitzenden Klassen zu Gute kommen, er würde den Luxus und die Verschwendung vermehren, auf die Menschheit als solche wäre er von keinem Einflusse.

Alles aber, was geeignet ist, die Produktion der zur Erhaltung des Menschen nothwendigen Existenzmittel zu befördern, vermindert auch gleichzeitig die zur Produktion dieser Existenzmittel früher nothwendig gewesene menschliche Arbeitskraft. Es kostete den Menschen größere Anstrengung das Wild mit seinen primitiven Steinwaffen zu bekämpfen und zwar abgesehen von der damit für ihn verbundenen Gefahr, als späterhin, wann er aus sicherm Versteck und aus weiter Entfernung dieses Wild mit dem Pfeile zu erlegen im Stande war.

Die Zähmung der Hausthiere und der Uebergang zum Ackerbau erschlossen ihm neue Bezugsquellen. Die Kuh versah ihn mit labender Milch, der Stier zog für ihn den Pflug und die Naturkräfte vervielfältigten das der Erde anvertraute Samenkorn. Die Jäger- und Hirtenstämme waren gezwungen alle ihre Stammesmitglieder arbeiten zu lassen, und waren trotzdem vor zeitweisem Mangel nicht geschützt; nach dem Uebergange zum Ackerbau erst finden wir, daß ein Theil der Bevölkerung von der Arbeit der Andern lebt. Harte Arbeit und mangelhafte Ernährung wird als das Loos des Sklaven geschildert, Sklaven waren somit alle, bis der Ackerbau einen Theil der Menschheit diesem Schicksale entriß. Von diesem Standpunkte aus betrachtet würden wir sagen, daß der Fortschritt das Bestreben zeigt, immer zahlreichere Massen dem ursprünglichen Zustande der Sklaverei zu entreißen, und daß er nur mit der Befreiung des gesammten Menschengeschlechtes sein Ziel erreicht haben wird. Von diesem Standpunkte aus betrachtet, würden wir aber auch weiters behaupten, daß der Fortschritt seit dem Uebergange des Menschen zum Ackerbau bis zum Beginne unseres Jahrhunderts gleichsam nur seine Vorbereitungen traf, um mit den wunderbaren Erfindungen auf dem Gebiete der Mechanik die Menschheit einen weitern und zwar gewaltigen Schritt in ihrer Entwicklung machen zu lassen. Und ich glaube nicht zu irren, wenn ich sage, daß diese Erfindungen von mindestens nicht geringerer Tragweite für die Menschheit zu werden bestimmt sind, als es der Ackerbau einst gewesen. —

Daß das Maschinenwesen einen weitern Theil der arbeitenden Menschheit vom Sklavenjoch befreite, dafür liefern die Vereinigten Staaten Nordamerikas den schlagendsten Beweis. Zu Beginn des gegenwärtigen Jahrhunderts widmeten sich $7/8$ der Gesammtbevölkerung dieser Staaten dem Landbau, heute absorbirt die Landwirthschaft kaum $1/7$ dieser Bevölkerung und die Steigerung der Produktion übertrifft verhältnißmäßig das Anwachsen der Bevölkerung.

Als die Siege der republikanischen Armeen das Sklaventhum hinwegfegten, glaubten die Südstaaten dem materiellen Ruine entgegen gehen zu müssen, und heute, nach 25 Jahren, blühen diese Staaten, Dank den von den Siegern bei ihnen eingeführten Maschinen mehr als je. Und ist es Zufall zu nennen, daß die Aufhebung der Leibeigenschaft fast überall mit der Einführung der neu erfundenen Maschinen zusammenfiel, daß die besitzenden Klassen in Ländern mit entwickelter Industrie zahlreicher sind als in den Ländern, deren Industrie weniger entwickelt ist? —

Selbst wenn es war wäre, was Mill behauptet, daß durch diese Erfindungen die Tagesmühe nicht eines einzigen menschlichen Wesens vermindert worden ist, so könnte andererseits doch nicht geleugnet werden, daß, wie Carl Marx zugesteht, „die Maschinerie unstreitig die Zahl der vornehmen Müßiggänger sehr vermehrt hat."

Jede Bereicherung unserer Kenntnisse in Bezug auf die uns umgebende äußere Natur ist Fortschritt in intellektueller Beziehung, jede bei der Produktion der zur Erhaltung des Menschen nothwendigen Existenzmittel erzielte Vermehrung dieser Existenzmittel oder Verminderung der aufzuwendenden menschlichen Arbeitskraft ist Fortschritt in materieller Beziehung.

Der intellektuelle Fortschritt ist die Basis des materiellen, wie wiederum der materielle auf den intellektuellen nur fördernd wirken kann.

Derselbe Aberglaube umnachtete die Geister Aller, dasselbe Sklavenjoch lastete mit gleichem Drucke auf Allen. Dies war die Gleichheit, von der das Menschengeschlecht den Ausgangspunkt genommen hat. Vom Aberglauben zum Licht, vom Sklavenjoch zur Freiheit, — dies ist der Weg, auf welchem der Fortschritt die Menschheit ihrer Bestimmung entgegenführt, und nur auf diesem Wege der naturgemäßen Entwicklung wird die Lösung der socialen Frage erfolgen.

Man hat immer behauptet, daß der Fortschritt nur jenen Klassen zu verdanken ist, die, dem Kampf ums Dasein entrückt, nicht gezwungen waren zu arbeiten, man hat mit Rücksicht darauf Sklaventhum und Leibeigenschaft vertheidigt, und dasselbe Argument wider alle socialistischen Bestrebungen geltend gemacht.

Andrerseits hat man in Widerspruch mit dieser Theorie die Arbeit als die Bestimmung des Menschen hingestellt, man hat die früher verachtete Arbeit geadelt, die Arbeit sollte dem Menschen die Erde, wie das Gebet das Himmelreich erobern.

Die Sage von einem Zeitalter allgemeiner Glückseligkeit, die wir bei allen Völkern der Erde vorfinden, bestätigt uns, daß die Menschheit ihre wahre Bestimmung immer geahnt, doch in der Vergangenheit das zu finden geglaubt hat, dessen Verwirklichung in der Zukunft sie für unmöglich gehalten.

Die Parsi erzählen von einem goldenen Zeitalter, wann König Yima geherrscht, der Mensch unsterblich gewesen, die Gewässer niemals austrockneten und die Bäume ewig in Blüthe standen. Da waren auch Nahrungsmittel in Ueberfluß vorhanden, es gab weder Hitze noch Kälte, weder Neid noch Altwerden.

Nach der Ueberlieferung der Mongolen in Tibet waren die ersten

Menschen götterähnliche Wesen und erst, als sie nach einer gewissen süßen Pflanze verlangt und von dieser genossen hatten, da wurden in ihrer Brust niedrige Gefühle erzeugt, da verloren sie ihre Flügel, ihre Schönheit schwand, die Jahre ihres Lebens wurden verkürzt und angefüllt mit Bitterkeit.

Der Chinese spricht vom „ersten Himmel," einem Zeitalter der Unschuld, „wann die ganze Schöpfung eines glückseligen Zustandes sich erfreute, alles schön und gut war und alle Wesen vollkommen waren, jedes in seiner Art."

Der Mexicaner träumt vom goldenen Zeitalter des Tezeuco, die Bewohner Peru's beginnen ihre Geschichte mit den „beiden Kindern der Sonne, die an den Gestaden des Titicaca Sees einen Staat gegründet". Im goldenen Zeitalter der Griechen, wie dieses von Hesiod geschildert wird, lebten die Menschen den Göttern gleich, frei von Mühsal und Arbeit. Sie kannten das Alter nicht und ihr Leben bestand in einer Reihe von Festlichkeiten. Wenn sie starben, so war es, als wenn sie von einem sanften Schlafe überwältigt worden wären.

„Alles, was von der Hand des Schöpfers kommt, ist gut, — alles degenerirt in der Hand des Menschen," klagt Rousseau und erblickt das goldene Zeitalter in der Rückkehr der Gesellschaft zum Urzustand. Diesen geträumten glückseligen Urzustand verkünden die monotheistischen Religionen als das zukünftige Himmelreich Gottes auf Erden, welches jedoch nach der Beschauung einzelner Kirchenväter noch früher und zwar durch das Menschengeschlecht selbst verwirklicht werden könnte.

Wir lesen bei Chrysostomus, „daß bei Einführung der Gütergemeinschaft der Himmel auf Erden käme, Arme und Reiche glücklich und friedlich mit einander leben und der Staat selbst der Engel würdig werden könnte," und Ambrosius äußert sich, „daß der gütergemeinschaftliche Zustand der ursprüngliche Zustand des Menschengeschlechtes gewesen sei, daß die Natur Alles zu gemeinschaftlichem Gebrauche erschaffen und hervorgebracht, daß nur Egoismus und Gewalt den entgegengesetzten Zustand begründet habe."

Unter allen Völkern des Alterthums waren es die Griechen, die es verstanden, dem Leben die wahre Seite abzugewinnen. „Das ganze Hellenenthum ist darin einig," sagt Eduard von Hartmann, „daß nicht im Streben und Arbeiten der Zweck des Lebens gesucht werden kann, sondern im Ausruhen (ἀναπαύεσθαι), in dem einsamen oder gemeinsamen Sich-Zurückziehen auf sich selbst und die ästhetische Anschauung dem ästhetisch veredelten dolce far niente. Alle wirthschaftliche und politische Thätigkeit ist nur Mittel zu diesem Zwecke, darum sind Stoiker und Epikuräer darin einig, daß das bessere Leben in der Nichtbetheiligung an politischen Dingen zu suchen sei."

Die Sklavenarbeit ermöglichte es den Griechen, diesen Lebenszweck zu verwirklichen, der Fortschritt ersetzt die Sklavenarbeit durch immer neue und wirksamere Erfindungen, „das charakteristische Merkmal griechischer und römischer Nationalökonomie ist Sklaverei, die unwiderstehliche Tendenz der unsrigen ist Freiheit (Jérôme-Adolph Blanqui: Geschichte der Nationalökonomie in Europa)."

Durch die Erfindungen der Neuzeit gewinnt das menschliche Leben an Inhalt; Raum und Zeit werden überwunden und die uns zugemessene kurze Dauer gleichsam unendlich verlängert.

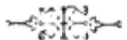

Inhaltsverzeichniß.

Einleitung.

Kapitel I.
Der Urmensch. — Küchenabfälle, Hünengräber und Cromlechs. — Die Pfahlbautenbewohner. — Culturbild der Arier, Chinesen, Semiten und Egypter.

Kapitel II.
Entstehung der Familie. — Fetischismus. — Aberglaube. — Culturbild der Jägerstämme des Steinzeitalters. — Das Fegefeuer und die Seelenwanderung. — Verfassung der patriarchalischen Familie. — Frauengemeinschaft. — Vermögensgemeinschaft. — Moral und Gesetz. — Ehehindernisse der Verwandtschaft und Verschwägerung. — Speisegesetze. — Spätere Stellung der Frauen. — Chalizza. — Gebete für die Geister der Verstorbenen. — Sklaverei und Adoption. — Indisches Erbrecht. — Einfluß des Ackerbaues auf die Entwicklung der Familie zum Stamm. — Unbewegliches Vermögen. — Weitere Entwicklung der religiösen Anschauungen. — Der Glaube an den göttlichen Ursprung der Gesetzgebung, ein Hinderniß für den Fortschritt. — Die Stammesverfassung. — Freie Meinungsäußerung und Toleranz, Grundbedingung jedes Fortschritts. — Entstehung der Priesterklasse. — Die Dorfgenossenschaft. — Entstehung des Sondereigenthums. — Das Feudalwesen, die modificirte Dorfgenossenschaft. — Germanen, Russen und Polen.

Kapitel III.
Eroberung Indiens durch die Arier. — Bildung des Kastenwesens. — Sklaventhum bei den Indiern, Griechen und Römern. — Die Arbeiterbevölkerung wird überall aller politischen Rechte beraubt. — Stellung der Brahmanen. — Der Klein- und Großhandel. — Sociale Stellung der Frauen. — Würfelspiel und Trunksucht.

Kapitel IV.
Die Naturreligion. — Der Sonnenmythus. — Zoroaster's Monotheismus. — Das Reich Gottes auf Erden. — Auferstehung der Todten. — Ahriman und der jüdische Satan. — Hexenprocesse im Mittelalter. — Ursachen des Zusammensturzes des Polytheismus. — Brahmanismus. — Buddhismus. — Die Moralreligion des Confucius.

Kapitel V.
Griechische Philosophie und römische Gesetzgebung. — Deren Ursprung in Indien. — Religiöse, sociale und politische Zustände Roms. — Die Weltlage, günstig für den Monotheismus. — Das Christenthum. — Die Schöpfungsgeschichte der Zend-Avesta, der Sündenfall und die Erlösung, den heiligen

Büchern der Brahmanen entnommen. — Vorzüge des Christenthums vor den übrigen Religionen. — Die Kirche. — Kampf der Kirche gegen den Fortschritt. — Der Materialismus und Agnosticismus. — Das gegenwärtige Zeitalter, ein Spiegelbild früherer Zeitperioden.

Kapitel VI.

Leibeigenschaft. — Bauernaufstände. — Das Feudalwesen. — Kampf um die Erblichkeit der Lehen. — Untergang des Mittelstandes. — Bildung des freien Proletariats.

Kapitel VII.

Staatsromane. — Englische und französische Schule. — Lassale's System der erworbenen Rechte und Marx's Productionsproceß des Kapitals. — Einfluß beider auf die Entwicklung des Socialismus. — Kritik des Marx'schen „Kapitals" — Karl Marx und Ferdinand Lassalle. — Vorschläge zur Linderung des socialen Elends. — Kritik derselben.

Kapitel VIII.

Dr. A. Schaeffle's Quintessenz des Socialismus und die Aussichtslosigkeit der Socialdemokratie. — Der socialdemokratische Zukunftsstaat. — Der Zukunftsstaat und die Dorfgenossenschaft.

Kapitel IX.

Entwicklung auf politischem, religiösem und ökonomischem Gebiete. — Kritik der Fortschrittstheorie von Herbert Spencer-Buckle, Macaulay, Herder. — Die Vernunft als Triebfeder jedes Fortschritts.

Fortschritt nur möglich in der Gesellschaft. — Entwicklung der Gesellschaft und die Colonialpolitik der Gegenwart. — Tendenz des Fortschritts. — Der intellektuelle Fortschritt vermindert den bestehenden Aberglauben. — Materieller Fortschritt mit Rücksicht auf die Vermehrung der Existenzmittel. — Das Wesen des materiellen Fortschritts in der Verminderung der zur Production der Existenzmittel nothwendigen menschlichen Arbeit gelegen.

Schlußbetrachtungen.